I0838121

MITOLOGIA CINESE

Racconti Epici, Fiabe e Leggende della Cina Antica: Un Viaggio tra Divinità, Draghi e Eroi attraverso la Storia e la Cultura Cinese

Liang Wei

Mitologia Cinese: Racconti Epici, Fiabe e Leggende della Cina Antica: Un Viaggio tra Divinità, Draghi e Eroi attraverso la Storia e la Cultura Cinese

Scritto da Liang Wei

ISBN-13: 9798341346284

Avviso sui Diritti d'Autore

Dichiarazione di responsabilità limitata

Questo libro è stato scritto con l'intento di fornire informazioni accurate e affidabili in merito all'argomento trattato. L'autore e l'editore hanno fatto del loro meglio per assicurare che le informazioni contenute in questo libro siano precise alla data di pubblicazione. Tuttavia, né l'autore né l'editore assumono alcuna responsabilità per eventuali errori, omissioni o interpretazioni diverse dei soggetti trattati.

Il contenuto di questo libro è fornito "così com'è", senza garanzia di alcun tipo, né esplicita né implicita. Qualsiasi uso delle informazioni fornite è a proprio rischio. Né l'autore né l'editore possono essere ritenuti responsabili per qualsiasi danno, diretto o indiretto, causato dall'uso delle informazioni contenute in questo libro.

Questo libro non intende fornire consigli legali, medici, psicologici o di altro tipo professionale. Se si necessita di consulenza specifica, si consiglia di rivolgersi a un professionista qualificato.

Tutti i marchi registrati, i marchi di fabbrica e i nomi di società menzionati in questo libro sono proprietà dei rispettivi titolari.

Sommario

Introduzione: Il Fascino delle Leggende Cinesi

Le leggende cinesi si dispiegano come un tessuto ricco e intricato, tessuto attraverso i secoli da miti, fiabe e racconti epici che hanno plasmato la coscienza collettiva di una delle più antiche civiltà del mondo. In ogni storia, si trovano riflessi non solo di antiche credenze e valori, ma anche delle dinamiche sociali e politiche che hanno influenzato il corso della storia cinese. Attraverso queste narrazioni, non esploriamo solo il passato mitologico della Cina, ma anche il cuore pulsante della sua cultura, intriso di saggezza, potere e spiritualità.

Le leggende cinesi, come i fiumi che attraversano la vasta terra della Cina, portano con sé storie che hanno nutrito generazioni, fornendo insegnamenti morali, spiegazioni cosmologiche e rappresentazioni simboliche che hanno permesso di comprendere il mondo e il posto dell'essere umano al suo interno. Ogni mito, da quello della creazione del mondo fino alle epiche battaglie tra eroi e demoni, rappresenta una finestra sul modo in cui gli antichi cinesi percepivano il divino, la natura e la società.

L'importanza di queste storie non risiede solo nel loro valore letterario, ma anche nel loro ruolo formativo. Attraverso le leggende, si trasmettono valori etici e morali, si spiegano fenomeni naturali e si definiscono identità culturali. Questi racconti, che spaziano da gesta eroiche a saghe divine, sono stati tramandati di generazione in generazione, sopravvivendo all'usura del tempo e adattandosi ai cambiamenti sociali e storici. Essi rappresentano un legame indissolubile tra il passato e il presente, un ponte che collega l'antico sapere con il mondo moderno.

Intraprendere un viaggio tra le leggende cinesi significa immergersi in un universo dove divinità e mortali convivono, dove draghi e altre creature mitologiche proteggono e minacciano, e dove gli eroi sfidano il destino per ristabilire l'ordine cosmico. Ma significa anche esplorare la ricchezza simbolica di questi racconti e il loro impatto duraturo sulla cultura cinese. Attraverso questo libro, ci proponiamo non solo di raccontare queste storie, ma anche di analizzarle, contestualizzarle e comprenderne il significato profondo.

Il fascino delle leggende cinesi risiede nella loro capacità di trascendere il tempo e lo spazio, di parlare direttamente al cuore e alla mente dei lettori, indipendentemente dalla loro origine. Esse ci invitano a riflettere sulle grandi domande dell'esistenza, sulla natura dell'universo e sul posto dell'uomo al suo interno. Questo libro è un invito a scoprire, attraverso la lente della mitologia, la profondità e la bellezza della cultura cinese, a comprendere come questi antichi racconti continuino a vivere e a ispirare nella Cina contemporanea, e a esplorare il loro lascito duraturo nel mondo globale di oggi.

Attraverso queste pagine, viaggeremo insieme nel cuore di una tradizione millenaria, scoprendo il potere eterno delle storie che hanno formato l'anima di un popolo e continuano a risuonare con forza nella coscienza collettiva. Che siate appassionati di mitologia, curiosi della cultura orientale o semplicemente amanti delle belle storie, questo libro vi condurrà in un'avventura straordinaria tra divinità, draghi ed eroi, svelando i segreti e la saggezza delle leggende cinesi.

Buona lettura!

Capitolo 1: La Creazione del Mondo: Pangu e il Mito della Genesi

Narrazione del Mito

Nel vasto vuoto primordiale, quando il tempo e lo spazio non erano ancora definiti, esisteva solo un uovo cosmico, contenente tutte le forze dell'universo in uno stato caotico e indifferenziato. Questo uovo, pulsante di energia creatrice, era destinato a dare origine al mondo così come lo conosciamo, ma prima doveva subire una trasformazione epica. Fu da questo uovo che nacque Pangu, la prima e più antica delle creature, colui che avrebbe dato forma all'universo.

Pangu giaceva all'interno dell'uovo per migliaia di anni, crescendo e assorbendo la potenza delle forze cosmiche intorno a lui. Quando finalmente giunse il momento, Pangu si svegliò e, con uno sforzo titanico, ruppe il guscio dell'uovo con un potente colpo di ascia. All'istante, il caos contenuto nell'uovo iniziò a dividersi: gli elementi più leggeri e puri si sollevarono, formando il cielo, mentre quelli più pesanti e torbidi si depositarono, creando la terra.

Ma l'atto di creazione non era ancora completo. Temendo che il cielo e la terra potessero ricongiungersi, riportando il caos primordiale, Pangu si eresse tra i due, mantenendoli separati con la sua immensa forza. Ogni giorno, il cielo si alzava di qualche metro, la terra si ispessiva e Pangu cresceva di conseguenza, diventando ogni giorno più grande e possente. Questo processo durò per 18.000 anni, durante i quali Pangu, con instancabile dedizione, si assicurò che l'universo mantenesse la sua forma stabile.

Alla fine, quando il cielo era ormai alto e solido e la terra ferma e stabile, Pangu, ormai esausto, si sdraiò e, accettando la sua morte, si lasciò andare in pace. Ma il suo sacrificio non fu vano. Con la sua morte, il corpo di Pangu si trasformò, divenendo parte integrante del mondo che aveva creato: il suo respiro divenne il vento e le nuvole, la sua voce si trasformò nel tuono, il suo occhio sinistro divenne il sole e il destro la luna. Il suo corpo si trasformò nelle montagne e nelle valli, il suo sangue nei fiumi, e i suoi muscoli nella fertile terra. Le sue ossa si mutarono in minerali preziosi e le sue vene in strade sotterranee di giada. Persino il suo sudore, caduto a terra, si trasformò nelle gocce di pioggia che bagnano il mondo.

In alcune versioni del mito, si narra che i pidocchi e i parassiti del corpo di Pangu diventarono gli esseri umani, conferendo loro la vita. In altre versioni, si dice che dalla sua morte nascessero gli antenati degli dei e degli uomini, come se il sacrificio di Pangu avesse dato origine a tutta la vita sulla terra.

Così, da un atto di sacrificio e di suprema creatività, Pangu non solo creò l'universo ma lo rese abitabile, ponendo le basi per tutto ciò che sarebbe venuto dopo. La sua figura, gigante e possente, è ricordata come il primo creatore, il titano che, con il proprio corpo e la propria volontà, separò il caos dal cosmo, dando vita a un mondo di ordine e bellezza.

Analisi Simbolica

Il mito della creazione del mondo attraverso Pangu rappresenta uno dei racconti più antichi e simbolicamente ricchi della mitologia cinese. La figura di Pangu, con la sua maestosa grandezza e il suo sacrificio, non è solo un creatore, ma un archetipo di ordine, forza e trasformazione. Analizzando più a fondo questo mito, emerge come esso non solo tenti di spiegare l'origine dell'universo, ma incapsuli anche concetti fondamentali della filosofia e della visione del mondo cinese.

Pangu come Archetipo del Creatore

Pangu incarna l'archetipo del creatore, una figura che plasma il caos primordiale in un universo ordinato. Questo tema dell'ordine che nasce dal caos è centrale non solo nella mitologia cinese, ma anche in molte altre tradizioni mitologiche. Tuttavia, in questo mito, il processo di creazione è reso con un'attenzione particolare alla dualità e alla complementarietà, principi essenziali del pensiero cinese. La divisione dell'uovo cosmico in cielo e terra riflette il concetto di yin e yang, dove il cielo rappresenta lo yang (il principio maschile, attivo e luminoso), e la terra lo yin (il principio femminile, passivo e oscuro). Pangu, con la sua ascia, è colui che stabilisce questo equilibrio, unendo e separando le forze opposte per creare armonia.

Il Sacrificio come Elemento di Creazione

Il sacrificio di Pangu è un elemento cruciale del mito, e ha una forte valenza simbolica. Nel dare la propria vita per sostenere il mondo, Pangu diventa letteralmente una parte del cosmo che ha creato. Il suo corpo si trasforma in elementi naturali, dalle montagne ai fiumi, dal sole alla luna. Questo atto di auto-sacrificio può essere visto come una rappresentazione della relazione intrinseca tra l'umanità e la natura: Pangu non è separato dal mondo che crea, ma ne è parte integrante. Questa fusione tra creatore e creazione riflette un profondo rispetto per la natura nella cultura cinese, dove gli esseri umani sono visti come parte di un tutto più grande, in cui la vita e la morte, la creazione e la distruzione sono cicli inevitabili e interconnessi.

Il Mito come Riflessione della Gerarchia Universale

Inoltre, il mito di Pangu può essere interpretato come una rappresentazione della gerarchia universale e della necessità di ordine. La paura di Pangu che cielo e terra possano ricongiungersi, riportando il caos, suggerisce l'importanza di mantenere l'equilibrio e la separazione delle forze cosmiche. Questa visione riflette una prospettiva tradizionale cinese, in cui l'ordine, sia a livello cosmico che sociale, è essenziale per la stabilità. Pangu diventa così non solo un creatore, ma anche un custode dell'ordine cosmico, il cui ruolo è fondamentale per prevenire il ritorno al caos.

La Connessione tra il Mito e la Filosofia Taoista

Il mito di Pangu ha anche profonde risonanze con la filosofia taoista, che enfatizza l'armonia tra gli opposti e la necessità di un equilibrio dinamico. Pangu, che crea il mondo separando il cielo e la terra, può essere visto come un simbolo del Tao, il principio che genera tutte le cose attraverso l'armonizzazione degli opposti. Il processo continuo di crescita di Pangu, che si espande mentre separa cielo e terra, può essere interpretato come un'allegoria della natura dinamica del Tao, che è in costante movimento e trasformazione.

Il mito della creazione del mondo attraverso Pangu non è solo una narrazione epica, ma una ricca fonte di simbolismo che incarna molte delle idee fondamentali della cultura cinese. La figura di Pangu rappresenta non solo l'origine dell'universo, ma anche i principi di ordine, equilibrio e sacrificio che sono alla base della visione cinese del mondo. Questo mito, quindi, va oltre la semplice spiegazione cosmologica, diventando una potente metafora per la comprensione della natura, dell'esistenza umana e della relazione tra gli opposti che governano l'universo.

Contestualizzazione Storica

Il mito di Pangu, che narra la creazione del mondo, occupa un posto centrale nella mitologia cinese, ma come è nato questo racconto e come si è evoluto nel corso del tempo? Per comprendere appieno il significato e l'origine di questa leggenda, è fondamentale esplorare il contesto storico e culturale in cui è emerso e come si è adattato attraverso le diverse dinastie della Cina antica.

Origini e Prima Diffusione

Le prime tracce del mito di Pangu si ritrovano durante il periodo delle Sei Dinastie (III-VI secolo d.C.), anche se il mito potrebbe avere radici più antiche, con influenze provenienti dalle credenze taoiste e dai miti cosmogonici di altre culture asiatiche. Durante questo periodo di grande fermento culturale e filosofico, caratterizzato da un intenso sincretismo religioso, le storie orali e le tradizioni locali cominciarono a essere trascritte e integrate nella letteratura. Il mito di Pangu, con la sua potente immagine del creatore che separa il cielo dalla terra, potrebbe essere stato un tentativo di dare forma e ordine al mondo attraverso una narrazione che rispecchiasse le credenze filosofiche e cosmologiche dell'epoca.

Influenze Taoiste e Confuciane

Il mito di Pangu non solo riflette le credenze cosmologiche cinesi, ma è anche intriso di concetti taoisti, come l'armonia tra yin e yang e il ciclo naturale della nascita e della morte. Taoismo e confucianesimo, due delle principali correnti filosofiche della Cina antica, hanno influenzato profondamente la cultura e la visione del mondo. Nel taoismo, l'universo è visto come un equilibrio dinamico di forze opposte, e Pangu, con il suo ruolo di mediatore tra il cielo e la terra, incarna perfettamente questa visione.

Inoltre, l'idea del sacrificio di Pangu, che trasforma il suo corpo negli elementi naturali del mondo, può essere vista in parallelo con l'importanza della pietà filiale nel confucianesimo, dove l'individuo è chiamato a sacrificarsi per il bene della famiglia e della società. Pangu, come il creatore sacrificante, diventa un modello di virtù, un archetipo che riflette il valore della dedizione e del sacrificio personale per il bene comune.

Evoluzione del Mito nel Tempo

Il mito di Pangu è stato soggetto a varie reinterpretazioni e adattamenti nel corso dei secoli. Durante la dinastia Tang (618-907 d.C.), quando il taoismo fiorì e divenne la religione ufficiale della corte, il mito di Pangu venne ulteriormente elaborato e diffuso, integrandosi con altre tradizioni mitologiche e cosmologiche. Nei testi taoisti, Pangu è spesso associato alla creazione e alla trasformazione cosmica, e la sua storia venne incorporata nelle pratiche religiose e nei riti di venerazione.

Con l'avvento della dinastia Song (960-1279 d.C.), il mito di Pangu fu incluso in opere enciclopediche e storiche, cementando il suo status come mito fondativo della cultura cinese. Tuttavia, è importante notare che il mito non fu mai rigidamente codificato, ma rimase flessibile, permettendo diverse versioni e interpretazioni a seconda del contesto culturale e regionale.

Il Mito di Pangu e la Cultura Cinese Contemporanea

Oggi, il mito di Pangu continua a essere parte integrante della cultura cinese, evocato in opere d'arte, letteratura, e persino nei media moderni come il cinema e la televisione. Sebbene le versioni contemporanee possano variare, la figura di Pangu rimane un simbolo di creazione, potere e sacrificio, un ricordo del profondo legame tra la cultura cinese e le sue radici mitologiche.

In sintesi, il mito di Pangu non è solo una leggenda antica, ma un racconto che ha attraversato millenni, adattandosi e riflettendo i cambiamenti culturali e filosofici della Cina. La sua evoluzione mostra come i miti, pur essendo legati al contesto storico in cui nascono, possano trasformarsi e mantenere la loro rilevanza attraverso i secoli, offrendo sempre nuove prospettive sulla condizione umana e sulla comprensione dell'universo.

Capitolo 2: Le Grandi Divinità: Da Nüwa a Fuxi, Creatori e Protettori

Narrazione del Mito

Nel vasto panorama della mitologia cinese, poche figure sono venerate e raccontate con la stessa reverenza e rispetto di Nüwa e Fuxi, due divinità che non solo crearono l'umanità, ma la protessero e la guidarono nei suoi primi passi. Le loro storie, intrecciate con le forze primordiali dell'universo, riflettono il profondo legame che i cinesi antichi percepivano tra il divino e la vita terrena.

Nüwa: La Dea Creatrice e Riparatrice del Mondo

Nüwa, spesso rappresentata con il corpo metà umano e metà serpente, è una delle figure centrali della mitologia cinese. Si racconta che, in un tempo remoto, il mondo fosse afflitto da un terribile disastro naturale: i pilastri che sostenevano il cielo si spezzarono, e il firmamento si inclinò, causando la caduta delle stelle e un diluvio catastrofico sulla terra. In questo caos, gli uomini, appena creati e ancora fragili, si trovavano in pericolo di estinzione.

Nüwa, mossa da compassione per le sue creature, decise di riparare il mondo. Raccolse pietre di cinque colori diversi, simbolo dei cinque elementi, e con la loro fusione creò una sostanza magica con cui ricostruì i pilastri del cielo. Con cura e dedizione, sollevò di nuovo il cielo, restaurando l'equilibrio dell'universo. Ma il suo lavoro non si fermò qui: per evitare che simili disastri si ripetessero, Nüwa uccise un grande drago e utilizzò il suo corpo per riparare le crepe nella terra, permettendo all'umanità di prosperare in pace.

In un'altra versione del mito, Nüwa è anche ricordata per la creazione degli esseri umani. Si narra che, vedendo la terra desolata e vuota, decise di modellare gli uomini dal fango del fiume Giallo. Con attenzione, plasmò ogni figura con le sue mani, infondendo in ognuno di essi vita e spirito. Così nacque l'umanità, che Nüwa continuò a proteggere come una madre amorevole.

Fuxi: Il Primo Sovrano e Portatore di Civilizzazione

Accanto a Nüwa, troviamo Fuxi, suo fratello o consorte, a seconda delle versioni, che condivide con lei il compito di creare e civilizzare il mondo. Fuxi è spesso rappresentato anch'egli con il corpo serpentino, a simboleggiare la sua natura divina e il suo legame con le forze primordiali.

Fuxi è ricordato come il primo sovrano divino e il padre della civilizzazione cinese. Si dice che introdusse le basi della società umana, insegnando agli uomini l'arte della pesca con la rete, la caccia con le trappole e l'allevamento degli animali. Fu anche l'inventore dei primi strumenti musicali, come la cetra, e della scrittura, trasmettendo all'umanità la capacità di comunicare e registrare il sapere.

Tuttavia, l'invenzione più importante attribuita a Fuxi è quella degli "Otto Trigrammi" (八卦, Bāguà), simboli che rappresentano le forze fondamentali dell'universo e che costituiscono la base del *Libro dei Mutamenti* (I Ching), uno dei testi più sacri e influenti della cultura cinese. I trigrammi di Fuxi non solo simboleggiano la struttura dell'universo, ma sono anche usati per comprendere e predire il destino, mantenendo l'equilibrio tra il cielo e la terra.

Nella loro unione, Nüwa e Fuxi rappresentano la dualità e la complementarietà di yin e yang, le due forze opposte ma interdipendenti che governano l'universo. Nüwa, con la sua compassione e creatività, incarna il principio femminile e terrestre dello yin, mentre Fuxi, con la sua saggezza e capacità di civilizzazione, rappresenta il principio maschile e celeste dello yang. Insieme, questi due grandi dei hanno non solo creato l'umanità, ma hanno anche garantito la sua sopravvivenza e prosperità, insegnando agli uomini come vivere in armonia con il mondo che li circonda.

Queste storie, tramandate per millenni, non solo celebrano le gesta di Nüwa e Fuxi, ma incarnano anche i valori e le credenze più profonde della cultura cinese, offrendo un modello di equilibrio, saggezza e cura che continua a ispirare e guidare il popolo cinese fino ai giorni nostri.

Analisi Simbolica

Le figure di Nüwa e Fuxi occupano un posto centrale nella mitologia cinese, non solo per i loro ruoli come creatori e civilizzatori dell'umanità, ma anche per il profondo simbolismo che le loro storie racchiudono. Questi due miti, attraverso la loro ricca iconografia e i loro racconti, riflettono concetti chiave della filosofia cinese, inclusi i temi della dualità, dell'armonia e della relazione intrinseca tra l'essere umano e l'universo.

Nüwa: Simbolo della Compassione e dell'Armonia Universale

Nüwa, rappresentata come una figura metà umana e metà serpente, incarna l'aspetto femminile e nutriente del cosmo. La sua forma serpentiforme è altamente simbolica, richiamando il legame con la terra, la natura ciclica della vita e la connessione con il regno del divino. Il serpente, nella cultura cinese, è spesso associato alla trasformazione e alla rigenerazione, e il corpo di Nüwa riflette questa capacità di rinnovamento e di guarigione.

La sua azione di riparare il cielo e la terra dopo il grande disastro cosmico rappresenta un archetipo di compassione e responsabilità. Nüwa non solo crea, ma si preoccupa di mantenere l'ordine e la stabilità dell'universo. Questa azione riflette il valore cinese dell'armonia (*和谐*, héxié), un principio centrale che permea la cultura cinese, dove l'equilibrio tra le forze opposte è essenziale per la pace e la prosperità. Nüwa diventa così un simbolo dell'amore materno universale e della necessità di mantenere l'ordine cosmico per il bene di tutte le creature viventi.

Inoltre, la leggenda secondo cui Nüwa modella gli esseri umani dal fango sottolinea l'intima connessione tra l'umanità e la natura. L'uomo, creato dalla terra, è parte integrante del mondo naturale, un concetto profondamente radicato nella filosofia cinese, che vede l'essere umano non come dominatore della natura, ma come parte di un tutto armonioso. Questo atto di creazione indica anche l'idea di nascita attraverso un atto di volontà divina, sottolineando il potere creativo e generativo del principio femminile.

Fuxi: Rappresentazione della Saggezza e dell'Ordine Cosmico

Fuxi, spesso descritto come l'inventore delle arti civili e delle istituzioni umane, incarna il principio maschile e celeste dello yang, che bilancia e completa il principio yin di Nüwa. Fuxi è il portatore della saggezza e del progresso, le sue invenzioni sono fondamentali per la costruzione di una società ordinata e civilizzata. Questo ruolo simbolizza il passaggio dall'età del caos primordiale a un'era di cultura e ordine, un tema ricorrente nelle narrazioni mitologiche di molte civiltà.

La creazione degli "Otto Trigrammi" da parte di Fuxi è particolarmente significativa. Questi trigrammi non solo rappresentano le forze fondamentali della natura, ma fungono anche da strumento per comprendere e interpretare il flusso e il cambiamento dell'universo. Fuxi, con questa invenzione, fornisce all'umanità un modo per connettersi con il cosmo, prevedere il destino e vivere in armonia con le leggi naturali. I trigrammi diventano così un simbolo del potere della conoscenza e della necessità di comprendere le forze che governano il mondo.

La Dualità di Nüwa e Fuxi: Yin e Yang

Insieme, Nüwa e Fuxi rappresentano la dualità essenziale del cosmo, il yin e yang, che è alla base della filosofia cinese. Nüwa, con il suo ruolo protettivo e materno, incarna il principio yin: il lato oscuro, ricettivo e nutritivo dell'universo. Fuxi, con la sua saggezza e la sua capacità di organizzare e civilizzare, rappresenta lo yang: il lato luminoso, attivo e ordinante. La loro interazione simboleggia l'equilibrio necessario tra queste forze opposte ma complementari, un tema che si ritrova in ogni aspetto del pensiero cinese, dalla medicina tradizionale alla teoria politica.

Il mito di Nüwa e Fuxi, quindi, non è solo una narrazione della creazione, ma anche una profonda lezione sulla necessità di equilibrio e armonia nella vita. Esso riflette la visione cinese del mondo come un insieme dinamico di forze interconnesse, dove il successo e la prosperità dipendono dalla capacità di mantenere l'equilibrio tra opposti apparentemente inconciliabili.

In conclusione, Nüwa e Fuxi non sono semplicemente dei creatori, ma incarnazioni dei principi cosmici che governano l'universo. Le loro storie, cariche di simbolismo, ci offrono una comprensione profonda dei valori e delle credenze che hanno plasmato la cultura cinese, enfatizzando l'importanza dell'armonia, della saggezza e della connessione intrinseca tra l'umanità e il mondo naturale.

Contestualizzazione Storica

Le figure di Nüwa e Fuxi, tra le più antiche e venerate nella mitologia cinese, hanno radici profonde che affondano nel passato remoto della Cina, e la loro evoluzione riflette l'interazione complessa tra mitologia, religione e filosofia nell'arco dei millenni.

Le Radici Preistoriche

Le origini di Nüwa e Fuxi possono essere ricondotte al periodo Neolitico (circa 10.000-4.500 a.C.), durante il quale le prime comunità agricole cinesi svilupparono credenze e pratiche religiose incentrate sulla natura e sugli spiriti ancestrali. In questo contesto, Nüwa e Fuxi appaiono come archetipi di divinità totemiche legate alla terra, alla fertilità e all'ordine cosmico. Le rappresentazioni iconografiche di queste divinità, spesso con corpi di serpente, riflettono la loro connessione con il mondo naturale e con il potere rigenerativo della terra, una costante nelle credenze religiose arcaiche.

Integrazione nel Pensiero Taoista e Confuciano

Con l'avvento delle dinastie Zhou (1046-256 a.C.) e Han (206 a.C.-220 d.C.), la mitologia cinese iniziò a integrarsi con le nuove correnti filosofiche e religiose, in particolare il taoismo e il confucianesimo. Nüwa e Fuxi furono reinterpretati alla luce di queste filosofie emergenti, assumendo ruoli simbolici più complessi.

Nel taoismo, Nüwa divenne simbolo della madre terra e della forza creatrice, incarnando il principio yin, associato alla passività, alla femminilità e alla natura. La sua azione di riparare il cielo dopo il grande disastro cosmico riflette la concezione taoista di armonia e equilibrio tra le forze opposte dell'universo. Fuxi, associato al principio yang, rappresenta invece l'ordine, la civilizzazione e l'iniziativa. La sua invenzione degli Otto Trigrammi è particolarmente significativa nel contesto taoista, dove questi simboli sono utilizzati per comprendere e interpretare il Tao, il flusso dinamico dell'universo.

Nel confucianesimo, Fuxi è venerato come uno dei saggi sovrani dell'antichità, la cui governance e insegnamenti stabilirono le fondamenta della società cinese. Il suo ruolo di civilizzatore, che introduce strumenti, agricoltura e scrittura, lo colloca come un modello di virtù e saggezza confuciana, un leader che unisce saggezza pratica e rettitudine morale per guidare il suo popolo.

Il Ruolo nelle Dinastie Tang e Song

Durante la dinastia Tang (618-907 d.C.), un periodo caratterizzato dalla fioritura delle arti e della cultura, il culto di Nüwa e Fuxi si espanse notevolmente. La dinastia Tang, fortemente influenzata dal taoismo, promosse la venerazione di queste divinità non solo nei templi, ma anche attraverso la poesia, la pittura e la cerimonia di corte. Nüwa e Fuxi furono elevati al rango di antenati mitici dell'umanità, figure semi-divine che rappresentavano l'ideale di armonia tra cielo, terra e uomo.

Durante la dinastia Song (960-1279 d.C.), caratterizzata da un revival neoconfuciano, il ruolo di Fuxi come portatore di ordine e civilizzazione venne ulteriormente enfatizzato. I testi confuciani dell'epoca lo descrivono come un modello di sovranità e virtù, la cui saggezza e capacità di governare erano considerate ideali da emulare. Nüwa, pur continuando a essere venerata, assunse un ruolo più simbolico, rappresentando la forza nutriente e protettiva della natura.

Rilevanza e Adattamenti nel Tempo

Nüwa e Fuxi non persero mai la loro rilevanza nel corso della storia cinese, anche se il loro culto e le loro rappresentazioni si adattarono alle diverse epoche e correnti religiose. Nel corso dei secoli, le loro storie furono tramandate attraverso testi religiosi, opere d'arte e racconti popolari, diventando parte integrante del patrimonio culturale cinese.

Oggi, Nüwa e Fuxi continuano a essere figure centrali nel pantheon mitologico cinese, simboli duraturi dell'equilibrio e dell'armonia cosmica. Nelle pratiche religiose contemporanee, soprattutto in quelle legate al taoismo e al folklore cinese, essi sono venerati come divinità protettrici, custodi dell'ordine naturale e morale. La loro storia, che affonda le radici in un passato remoto, continua a ispirare e a offrire lezioni di vita alle generazioni attuali, dimostrando la forza e la resilienza della mitologia cinese nel mantenere vive le sue tradizioni attraverso i secoli.

In conclusione, Nüwa e Fuxi non sono solo figure mitologiche, ma anche rappresentazioni simboliche delle forze che hanno plasmato la civiltà cinese. La loro evoluzione riflette l'interazione tra religione, filosofia e cultura, offrendo uno sguardo affascinante su come i cinesi abbiano cercato di comprendere e armonizzare il loro posto nell'universo.

Capitolo 3: L'Impero Celeste: L'Imperatore di Giada e gli Dei dell'Olimpo Cinese

Narrazione del Mito

Nel vasto firmamento dell'antica mitologia cinese, l'Imperatore di Giada (*Yù Huáng Dàdì*, 玉皇大帝) emerge come la figura suprema, il sovrano assoluto del cielo, dell'inferno e di tutti i regni dell'universo. La sua autorità è incontrastata, e la sua saggezza infinita guida il destino di tutte le creature viventi e degli spiriti.

Si narra che l'Imperatore di Giada non sia sempre stato la divinità onnipotente che conosciamo oggi. La sua storia inizia molto tempo fa, quando era un principe umano, figlio di un re benevolo e giusto. Fin dalla nascita, il principe mostrò segni di saggezza e compassione fuori dal comune. Rifiutando i lussi e gli agi della vita di corte, dedicò la sua esistenza a comprendere le leggi del cielo e della terra, studiando con i saggi e compiendo innumerevoli atti di bontà.

Dopo aver regnato con giustizia per molti anni, il principe rinunciò al trono per dedicarsi completamente alla meditazione e all'ascesi. Attraverso millenni di pratiche spirituali, superò tutte le prove del corpo e dello spirito, raggiungendo infine l'illuminazione suprema. Fu allora che gli immortali lo riconobbero come degno di diventare il sovrano dell'universo, e fu elevato al rango di Imperatore di Giada, il più alto degli dei.

Come sovrano dell'Impero Celeste, l'Imperatore di Giada risiede nel maestoso Palazzo Celeste, un luogo di incredibile splendore e bellezza, costruito interamente di giada pura e circondato da nuvole dorate. Da questo trono, l'Imperatore di Giada governa con saggezza e giustizia, assicurando che l'ordine cosmico venga mantenuto. Egli presiede il Pantheon cinese, una complessa gerarchia di divinità e spiriti che sovrintendono a tutti gli aspetti della natura e della vita umana.

Uno degli aspetti più conosciuti del suo governo è il giudizio delle anime dei defunti. Si narra che, dopo la morte, ogni anima sia condotta davanti all'Imperatore di Giada per essere giudicata. Egli esamina con imparzialità le azioni compiute in vita, e determina il destino dell'anima, che può essere mandata nel paradiso celeste, destinata alla reincarnazione, o condannata a soffrire nell'inferno per espiare i propri peccati.

L'Imperatore di Giada non governa da solo. È assistito da un vasto consiglio di divinità minori, spiriti ancestrali e funzionari celesti. Tra i suoi ministri più importanti ci sono il Dio del Tuono (*Léi Gōng*), il Dio della Pioggia (*Yǔ Shén*), il Dio della Terra (*Tǔ Dì Gōng*) e molte altre figure, ciascuna con un ruolo specifico nel mantenere l'equilibrio dell'universo. Ogni anno, durante la grande festa del Capodanno cinese, l'Imperatore di Giada riceve rapporti dettagliati dai suoi emissari su ciò che è accaduto sulla terra, e decide quali benedizioni o punizioni distribuire nel nuovo anno.

Nonostante la sua maestà e potenza, l'Imperatore di Giada è spesso descritto come una divinità benevola, attenta alle preghiere e alle suppliche dei mortali. Molti racconti popolari lo ritraggono come un sovrano giusto, pronto a intervenire per correggere i torti e aiutare coloro che vivono in modo virtuoso.

La figura dell'Imperatore di Giada non solo simboleggia l'autorità suprema nel pantheon cinese, ma rappresenta anche l'ideale confuciano del sovrano giusto e illuminato, che governa non con la forza, ma con la virtù e l'esempio morale. Il suo mito è un promemoria costante dell'importanza di vivere in armonia con le leggi del cielo e della terra, seguendo il percorso della rettitudine e della compassione.

Così, l'Imperatore di Giada continua a regnare nei cieli, mantenendo l'ordine cosmico e vegliando su tutte le creature, mortali e immortali, come il grande custode dell'universo. La sua storia, ricca di simbolismo e significato, è una delle più potenti testimonianze della profondità e complessità della mitologia cinese.

Analisi Simbolica

L'Imperatore di Giada non è soltanto il sovrano supremo del Pantheon cinese; è un simbolo ricco e complesso che incarna i valori, le credenze e le strutture sociali profondamente radicate nella cultura cinese. La sua figura, così centrale nella mitologia, è il risultato di un amalgama di influenze religiose, filosofiche e culturali che si sono sviluppate nel corso di millenni.

Autorità Suprema e Ordine Cosmologico

L'Imperatore di Giada rappresenta l'autorità suprema, non solo come governante del cielo, ma anche come simbolo dell'ordine cosmico. Nella visione cosmologica cinese, l'universo è concepito come un sistema gerarchico e ordinato, dove ogni essere e ogni fenomeno naturale ha il proprio posto e funzione. L'Imperatore di Giada, al vertice di questa gerarchia, incarna il principio di *Tiān* (天), il Cielo, che governa e ordina il mondo naturale e umano. Questo riflette la concezione confuciana dell'ordine sociale, dove l'imperatore terreno è visto come il "Figlio del Cielo", che governa in virtù del Mandato Celeste e deve mantenere l'armonia tra cielo, terra e umanità.

Giudizio e Moralità

Uno degli aspetti più significativi dell'Imperatore di Giada è il suo ruolo di giudice delle anime. Questo compito simbolizza la giustizia divina e l'importanza della moralità nella vita umana. La mitologia dell'Imperatore di Giada riflette l'idea che le azioni dei mortali sono sempre sotto scrutinio, e che la vita dopo la morte dipende strettamente dalle scelte fatte in vita. Questo concetto rispecchia profondamente la tradizione confuciana, che pone grande enfasi sulla virtù e sulla condotta morale come basi di una vita buona e di una società armoniosa.

Il giudizio delle anime da parte dell'Imperatore di Giada non è solo una questione di punizione o ricompensa, ma anche un modo per mantenere l'ordine morale dell'universo. La sua capacità di discernere e agire con giustizia lo pone come modello ideale di sovranità, un governante che agisce sempre per il bene comune, basandosi sulla saggezza e sulla comprensione profonda delle leggi cosmiche.

Simbolismo della Giada

La giada, materiale da cui prende nome l'Imperatore, è profondamente simbolica nella cultura cinese. La giada è da millenni venerata come pietra sacra, simbolo di purezza, nobiltà, perfezione e immortalità. Nella figura dell'Imperatore di Giada, queste qualità sono esaltate al massimo grado. La giada è considerata incorruttibile, eterna, un simbolo dell'integrità morale e della santità, tutte caratteristiche che sono riflessi diretti del ruolo dell'Imperatore di Giada come sovrano supremo e giusto. Il Palazzo Celeste fatto di giada rappresenta non solo la dimora divina, ma anche un luogo di ordine perfetto e armonia, dove ogni cosa è in equilibrio.

Connessione tra il Divino e l'Umano

L'Imperatore di Giada, pur essendo una divinità suprema, mantiene un legame stretto con il mondo umano. Il suo ruolo non è solo quello di governare l'universo, ma anche di ascoltare le preghiere e le suppliche dei mortali, intervenendo quando necessario. Questo lo rende una figura accessibile e venerabile, simile all'imperatore terreno, che dovrebbe governare con compassione e rettitudine. La sua capacità di intercedere per i mortali e di distribuire benedizioni o punizioni secondo il merito riflette il concetto cinese di *dé* (德), o virtù, come principio guida per l'interazione tra il divino e l'umano.

Archetipo del Sovrano Ideale

L'Imperatore di Giada è anche l'archetipo del sovrano ideale nella cultura cinese, un modello di leadership che non governa attraverso la forza o il potere coercitivo, ma attraverso la virtù, la saggezza e l'equità. Questo concetto è strettamente legato al pensiero confuciano, dove il buon governo è visto come un riflesso diretto della moralità del sovrano. L'idea che l'imperatore terreno debba emulare l'Imperatore di Giada, mantenendo l'ordine e la giustizia attraverso l'esempio morale, è un principio centrale nella filosofia politica cinese.

Dualità e Armonia

L'Imperatore di Giada, come sovrano del cielo, rappresenta anche la dualità e l'armonia tra opposti, un tema ricorrente nella filosofia cinese. Governa con equilibrio tra l'inflessibilità della giustizia e la benevolenza della misericordia, tra il cielo e la terra, tra gli dei e i mortali. Questo equilibrio è fondamentale per mantenere l'ordine cosmico, e riflette il concetto di yin e yang, le due forze complementari che costituiscono la realtà.

In conclusione, l'Imperatore di Giada è un simbolo complesso e multifacetato, che incarna molti degli ideali fondamentali della cultura cinese: l'autorità suprema, la giustizia morale, la connessione tra il divino e l'umano, e l'armonia tra gli opposti. Attraverso il suo mito, gli antichi cinesi non solo spiegavano l'ordine dell'universo, ma anche come l'uomo dovesse vivere in esso, seguendo le leggi della moralità e dell'armonia cosmica.

Contestualizzazione Storica

La figura dell'Imperatore di Giada, *Yù Huáng Dàdì*, non è sempre esistita nella forma in cui è conosciuta oggi, ma si è evoluta attraverso un lungo processo di sviluppo religioso, filosofico e culturale che ha riflesso i cambiamenti nella società cinese. Per comprendere appieno la sua rilevanza, è essenziale esaminare il contesto storico in cui questa divinità è emersa e come il suo culto si è trasformato nel tempo.

Le Origini e lo Sviluppo del Culto

Le radici dell'Imperatore di Giada possono essere fatte risalire a pratiche religiose molto antiche che preesistevano alla codificazione del taoismo. Prima che l'Imperatore di Giada divenisse il sovrano supremo del Pantheon taoista, il culto degli spiriti celesti e dei sovrani divinizzati era una parte centrale delle credenze religiose cinesi. Durante la dinastia Shang (1600-1046 a.C.), il culto degli antenati e la venerazione degli spiriti erano già ben consolidati, con il cielo considerato la dimora delle forze superiori che influenzavano la vita terrena.

È solo con lo sviluppo del taoismo, durante la dinastia Han (206 a.C.-220 d.C.), che la figura dell'Imperatore di Giada inizia a prendere una forma più definita. Il taoismo, con la sua enfasi sul governo divino e sull'ordine cosmico, ha favorito l'ascesa di un dio supremo che incarnasse l'autorità celeste. L'Imperatore di Giada fu quindi creato come sovrano degli dei, il cui ruolo era mantenere l'ordine nell'universo, un riflesso diretto delle esigenze di stabilità e autorità nella società cinese.

La Dinastia Tang e la Canonizzazione dell'Imperatore di Giada

La dinastia Tang (618-907 d.C.) rappresenta un periodo cruciale per la consolidazione del culto dell'Imperatore di Giada. Durante questa dinastia, il taoismo ricevette un grande impulso, diventando la religione di stato. L'Imperatore di Giada venne formalmente riconosciuto e venerato come il sovrano supremo del cielo, il custode delle leggi cosmiche e il garante dell'armonia tra cielo e terra.

Sotto i Tang, il ruolo dell'Imperatore di Giada fu ulteriormente raffinato e integrato nel sistema di credenze ufficiali. Testi taoisti come lo *Shangqing* e il *Lingbao* contribuirono a codificare le storie e i miti relativi a questa divinità, rafforzandone il culto attraverso rituali, templi e festival. Fu durante questo periodo che l'Imperatore di Giada divenne non solo una figura religiosa, ma anche un simbolo di autorità morale e politica, in parallelo con l'imperatore terreno.

Il Ruolo dell'Imperatore di Giada nella Dinastia Song e oltre

Con la dinastia Song (960-1279 d.C.), il culto dell'Imperatore di Giada si diffuse ulteriormente, diventando parte integrante della religiosità popolare cinese. Durante questo periodo, l'Imperatore di Giada fu venerato non solo come il sovrano degli dei, ma anche come un giudice supremo che sovrintendeva al destino delle anime dopo la morte. Questa funzione giudiziaria rifletteva un crescente interesse nella società cinese per l'etica e la moralità, elementi centrali nel pensiero confuciano e taoista.

L'importanza dell'Imperatore di Giada continuò a crescere durante le dinastie successive, fino a diventare una figura universale nella religiosità cinese. Anche con l'avvento del buddhismo, che introdusse nuove divinità e concetti di giustizia postuma, l'Imperatore di Giada mantenne il suo ruolo di supremo sovrano celeste, adattandosi e integrandosi con le nuove influenze religiose.

Il Culto dell'Imperatore di Giada nella Cina Contemporanea

Anche nella Cina moderna, l'Imperatore di Giada rimane una figura di grande rilevanza. Il suo culto è ancora vivo, soprattutto nelle pratiche taoiste e nei riti popolari legati al Capodanno cinese, quando si crede che l'Imperatore di Giada giudichi le azioni degli uomini e decida il loro destino per l'anno successivo.

Nella cultura popolare, l'Imperatore di Giada è spesso rappresentato in festival, opere teatrali, e cinema, dove continua a incarnare l'ideale di sovranità giusta e benevola. Il suo mito, inoltre, è stato reinterpretato in chiave moderna, dimostrando la capacità della cultura cinese di adattare le antiche tradizioni ai tempi contemporanei.

L'Imperatore di Giada e il Mandato Celeste

Infine, è fondamentale comprendere il legame tra l'Imperatore di Giada e il concetto di Mandato Celeste (*Tiānmìng*, 天命). Nella tradizione confuciana, l'imperatore terreno governa con l'autorità concessa dal Cielo, un concetto che ha radici profonde nel culto dell'Imperatore di Giada. Questo legame ha servito non solo a giustificare il potere imperiale, ma anche a stabilire un modello di moralità e giustizia divina che rispecchiasse le aspettative della società nei confronti dei suoi leader.

In sintesi, la figura dell'Imperatore di Giada ha attraversato diverse fasi di sviluppo, adattandosi ai cambiamenti storici, religiosi e culturali della Cina. La sua evoluzione riflette non solo la complessità della religiosità cinese, ma anche l'importanza di concetti come l'ordine, la giustizia e la moralità, che rimangono centrali nella cultura cinese fino ad oggi. L'Imperatore di Giada, quindi, non è solo un simbolo mitologico, ma un emblema della continuità culturale e del profondo legame tra il divino e il terreno nella tradizione cinese.

Capitolo 4: Gli Eroi Fondatori: Huangdi e gli Altri Imperatori Leggendari

Narrazione del Mito

Nel cuore della mitologia cinese si erge la figura imponente di Huangdi, l'Imperatore Giallo, venerato come il progenitore della civiltà cinese e il più grande tra i sovrani leggendari. Secondo la tradizione, Huangdi non fu solo un governante, ma un semidio, nato dall'unione tra il cielo e la terra, destinato a guidare l'umanità verso una nuova era di progresso e civilizzazione.

La leggenda narra che Huangdi nacque in un'epoca di caos e conflitto, quando il mondo era ancora dominato da tribù bellicose e la natura regnava incontrollata. Sin dalla sua infanzia, Huangdi mostrò segni della sua natura straordinaria: dotato di una saggezza innata e di un potere divino, era in grado di comprendere i segreti della natura e di comunicare con gli spiriti celesti.

Quando crebbe, Huangdi divenne il capo della sua tribù e iniziò a unificare i clan circostanti, ponendo fine alle guerre che devastavano la regione. Ma la sua più grande sfida venne quando si trovò ad affrontare Chi You, un temibile signore della guerra dotato di poteri magici, che minacciava di portare il mondo nel caos. La battaglia tra Huangdi e Chi You è una delle più epiche della mitologia cinese: si dice che Huangdi, con l'aiuto degli dei e dei suoi generali divini, invocò il potere del cielo e della terra, scatenando tempeste e fulmini contro l'esercito di Chi You.

Dopo una lunga e ardua lotta, Huangdi riuscì a sconfiggere Chi You e a ristabilire la pace. Questa vittoria segnò l'inizio del suo regno, durante il quale Huangdi introdusse numerose innovazioni che avrebbero trasformato per sempre la società cinese. Secondo la leggenda, Huangdi fu l'inventore del calendario, della medicina, dell'agricoltura e persino della scrittura. Insegnò al suo popolo come costruire case, come coltivare i campi e come vivere in armonia con la natura.

Oltre alle sue realizzazioni materiali, Huangdi è anche ricordato per il suo viaggio alla ricerca dell'immortalità. Si narra che, alla fine del suo regno, Huangdi ascese al cielo su un drago, divenendo uno degli immortali e stabilendosi come il sovrano celeste dell'umanità. La sua ascensione al cielo segnò la sua trasformazione da sovrano terreno a divinità, unendo per sempre il regno umano con quello celeste.

Huangdi non fu l'unico tra gli imperatori leggendari a lasciare un segno indelebile nella storia della Cina. A lui si affiancano altre figure mitologiche, come Yandi, l'Imperatore Rosso, spesso associato al fuoco e alla saggezza, che collaborò con Huangdi per unificare i clan cinesi. Altri ancora includono Shaohao, che rappresenta il principio dell'ordine e della giustizia, e Zhuanxu, noto per aver stabilito le regole del cielo e della terra.

Questi imperatori non erano semplici sovrani, ma archetipi di virtù e saggezza. Le loro storie riflettono i valori fondamentali della cultura cinese: l'importanza dell'armonia, della giustizia, dell'innovazione e della ricerca della perfezione. Attraverso le loro gesta, questi eroi fondatori hanno gettato le basi per quella che sarebbe diventata la grande civiltà cinese, lasciando un'eredità che ancora oggi risuona nella storia e nella cultura del Paese.

In sintesi, Huangdi e gli altri imperatori leggendari sono più che figure mitologiche; sono simboli viventi del potere della leadership virtuosa e del progresso umano. Le loro storie continuano a ispirare generazioni di cinesi, offrendo modelli di comportamento e principi di governo che rimangono attuali anche nei tempi moderni.

Analisi Simbolica

Le figure di Huangdi e degli altri imperatori leggendari della Cina non sono solo personaggi mitologici, ma incarnazioni di valori, virtù e concetti profondamente radicati nella cultura cinese. La loro simbologia riflette ideali di leadership, armonia e progresso, offrendo una visione di come la società cinese abbia inteso il ruolo del sovrano e la natura del potere politico e spirituale.

Huangdi: Il Sovrano Divino e il Fondatore della Civilizzazione

Huangdi, l'Imperatore Giallo, è forse il più emblematico di tutti i sovrani leggendari. Simbolicamente, Huangdi rappresenta l'archetipo del sovrano perfetto, colui che non solo governa con saggezza e giustizia, ma che è anche in grado di guidare il suo popolo verso la prosperità attraverso l'innovazione e la conoscenza. La sua figura è spesso associata al concetto di *Tiānzǐ* (天子), il "Figlio del Cielo", un titolo che sottolinea il legame diretto tra il sovrano e le forze celesti.

La sconfitta di Chi You, un simbolo del caos e della distruzione, da parte di Huangdi simboleggia il trionfo dell'ordine sulla disgregazione e l'instaurazione di un regno fondato sulla legge e sull'armonia. Questa vittoria non è solo una conquista militare, ma un'affermazione dell'autorità divina e dell'inevitabile prevalenza della giustizia. Il mito della battaglia tra Huangdi e Chi You rappresenta quindi la lotta eterna tra l'ordine cosmico e le forze caotiche, una lotta che, secondo la tradizione cinese, deve essere costantemente vinta per mantenere l'equilibrio universale.

Innovazione e Progresso

Uno degli aspetti più significativi del mito di Huangdi è la sua associazione con l'introduzione di importanti innovazioni culturali e tecnologiche. In questo senso, Huangdi non è solo un sovrano guerriero, ma anche un portatore di civiltà. Le sue invenzioni, come il calendario, la medicina e la scrittura, simboleggiano il passaggio dall'età del mito all'era della storia, dove l'umanità inizia a plasmare il proprio destino attraverso la conoscenza e l'organizzazione sociale.

La sua ricerca dell'immortalità e la conseguente ascensione al cielo su un drago rappresentano l'aspirazione umana alla trascendenza e alla perfezione. Questo viaggio finale di Huangdi è un potente simbolo della continua ricerca dell'uomo per superare i limiti mortali e raggiungere l'unione con il divino. L'ascensione di Huangdi è anche un richiamo al concetto taoista di immortalità spirituale, dove la saggezza e la virtù possono condurre all'eternità.

L'Unificazione e l'Armonia

Le storie degli imperatori leggendari, tra cui Yandi e Shaohao, sottolineano l'importanza dell'unificazione e dell'armonia come valori fondamentali nella società cinese. La collaborazione tra Huangdi e Yandi per unificare i clan cinesi riflette l'ideale confuciano dell'armonia sociale, dove la cooperazione tra diversi gruppi porta a una società stabile e prospera. Questo concetto è fondamentale nel pensiero cinese, dove l'ordine sociale e la pace sono visti come risultati di una governance saggia e virtuosa.

Il Mandato Celeste

Le figure di Huangdi e degli altri imperatori leggendari sono strettamente legate al concetto di Mandato Celeste (*Tiānmìng*). Questo principio, che giustifica il diritto di un sovrano a governare, è basato sulla sua capacità di mantenere l'armonia tra cielo e terra. Un sovrano che perde la virtù e non riesce a mantenere l'ordine cosmico può essere deposto, perché ha perso il favore del cielo. Huangdi, con la sua saggezza e il suo potere divino, è l'incarnazione ideale del sovrano che possiede e mantiene questo mandato.

Simbolismo Elementale

Il colore giallo associato a Huangdi è simbolico, rappresentando la terra, uno dei cinque elementi della cosmologia cinese. Come sovrano che governa il centro, Huangdi è visto come il mediatore che stabilisce l'equilibrio tra i vari elementi e direzioni, un concetto che riflette la centralità del suo ruolo nella mitologia cinese. Questo simbolismo si estende anche agli altri imperatori leggendari, ognuno dei quali è associato a un elemento e a un colore specifico, sottolineando il loro ruolo nel mantenere l'equilibrio naturale e cosmico.

Conclusione

Huangdi e gli altri imperatori leggendari non sono solo figure storiche mitizzate, ma incarnazioni di principi filosofici e spirituali che hanno modellato la civiltà cinese. La loro simbologia riflette l'ideale cinese di un sovrano virtuoso, che governa con saggezza, promuove il progresso e mantiene l'armonia tra cielo e terra. Attraverso le loro storie, questi eroi fondatori offrono non solo un esempio di leadership, ma anche una visione del ruolo del sovrano come custode dell'ordine cosmico e promotore della civiltà. Questi miti continuano a ispirare e influenzare la cultura e la politica cinese, rendendo Huangdi e gli altri imperatori leggendari figure eternamente rilevanti nel panorama culturale della Cina.

Contestualizzazione Storica

La figura di Huangdi, l'Imperatore Giallo, e degli altri imperatori leggendari occupa un posto centrale nella costruzione della storia e dell'identità culturale cinese. Sebbene queste figure appartengano a un'epoca mitica che precede la storia documentata, la loro influenza si estende profondamente nella formazione della civiltà cinese e nella legittimazione del potere imperiale.

Le Radici Mito-Storiche di Huangdi

Huangdi, considerato il progenitore della nazione cinese, è una figura che risale a un'epoca antichissima, collocata tradizionalmente tra il 2700 e il 2600 a.C. Sebbene le sue gesta siano avvolte nel mito, molti studiosi ritengono che il culto di Huangdi possa essere stato originariamente basato su un leader tribale reale o su un antico re, il cui ricordo fu progressivamente mitizzato nel tempo. Questo processo di mitizzazione riflette la necessità di creare una figura unificatrice che rappresentasse l'origine divina e gloriosa della civiltà cinese.

La leggenda di Huangdi ha servito anche a stabilire un fondamento ideologico per la legittimazione del potere imperiale. Durante le dinastie successive, i sovrani cinesi rivendicavano la discendenza da Huangdi, utilizzando questa connessione per consolidare la loro autorità e per presentarsi come i continuatori del suo mandato celeste. Il concetto di *Tiānmìng* (Mandato Celeste), che giustifica il diritto di governare in base alla virtù e alla capacità di mantenere l'ordine, trova una delle sue origini proprio nella figura di Huangdi.

La Dinastia Zhou e l'Evoluzione del Mito

Durante la dinastia Zhou (1046-256 a.C.), il mito di Huangdi e degli altri imperatori leggendari fu integrato nel sistema di credenze ufficiali. La dinastia Zhou è nota per aver formalizzato il concetto di Mandato Celeste, che affermava che solo un sovrano virtuoso poteva governare con l'approvazione del cielo. Huangdi, con la sua associazione all'ordine cosmico e alla civilizzazione, divenne un modello ideale di sovrano che agiva in armonia con il volere celeste.

In questo periodo, il mito di Huangdi fu utilizzato anche per giustificare l'espansione territoriale e la conquista di nuovi territori, presentando queste azioni come il ristabilimento dell'ordine e della civiltà nelle terre selvagge. L'immagine di Huangdi come unificatore e civilizzatore rispondeva alle esigenze politiche e culturali della dinastia Zhou, che cercava di legittimare il proprio dominio su un territorio vasto e diversificato.

Il Ruolo di Huangdi nelle Dinastie Qin e Han

Con l'ascesa della dinastia Qin (221-206 a.C.) e la successiva dinastia Han (206 a.C.-220 d.C.), Huangdi continuò a essere venerato come il padre fondatore della nazione cinese. L'imperatore Qin Shi Huang, che unificò la Cina sotto un unico governo centrale, si ispirò direttamente alla figura di Huangdi, adottando il titolo di "Primo Imperatore" e cercando di emulare le gesta unificatrici di Huangdi.

Durante la dinastia Han, il culto di Huangdi fu ulteriormente promosso e integrato nella religione di stato. Le cerimonie di venerazione per Huangdi divennero parte delle pratiche rituali ufficiali, e la sua figura fu celebrata non solo come un sovrano leggendario, ma anche come un dio della cultura e della civilizzazione. Questo consolidamento del culto di Huangdi rifletteva l'importanza di stabilire un'identità culturale comune e una continuità storica che legasse la dinastia Han agli antichi sovrani mitologici.

L'Eredità di Huangdi nella Cina Moderna

L'eredità di Huangdi ha continuato a influenzare la cultura cinese fino ai giorni nostri. Nella Cina moderna, Huangdi è celebrato come il simbolo dell'unità nazionale e della continuità culturale. La sua figura è spesso invocata nei contesti nazionalisti, per sottolineare l'antichità e la grandezza della civiltà cinese.

Anche nella Repubblica Popolare Cinese, dove il confucianesimo e altre pratiche religiose tradizionali hanno subito critiche, il culto di Huangdi è stato mantenuto come un simbolo di identità nazionale. Cerimonie in onore di Huangdi vengono ancora celebrate, specialmente durante le festività nazionali, e il suo mito è insegnato nelle scuole come parte integrante della storia e della cultura cinesi.

Conclusione

Il mito di Huangdi e degli altri imperatori leggendari rappresenta molto più che semplici racconti mitologici; esso ha fornito un fondamento ideologico per la legittimazione del potere imperiale e ha contribuito a definire l'identità culturale della Cina. Dalla dinastia Zhou fino alla Cina moderna, la figura di Huangdi è stata utilizzata per promuovere l'unità nazionale, la continuità storica e l'importanza di governare secondo i principi del Mandato Celeste. Questa leggenda ha plasmato profondamente il modo in cui i cinesi vedono la loro storia e il loro posto nel mondo, rendendo Huangdi una delle figure più influenti della mitologia e della cultura cinese.

Capitolo 5: Gesta Epiche e Battaglie Mitologiche: Da Houyi il Mago a Yu il Grande

Narrazione del Mito

Nel vasto panorama della mitologia cinese, poche figure sono tanto celebrate quanto Houyi, l'arcere divino, e Yu il Grande, il leggendario sovrano che domò le acque. Le loro storie, intrise di eroismo e determinazione, rappresentano i temi fondamentali della lotta contro le forze naturali e il superamento di sfide apparentemente insormontabili, stabilendo un esempio per le generazioni future.

Houyi e le Dieci Soli

Il mito di Houyi è uno dei racconti più affascinanti e drammatici della mitologia cinese. Si narra che in tempi antichi il cielo fosse illuminato da dieci soli, figli dell'Imperatore Celeste, Di Jun. Ogni giorno, solo uno di questi soli attraversava il cielo, mentre gli altri riposavano in un enorme gelso chiamato Fusang. Tuttavia, un giorno, i dieci soli decisero di apparire contemporaneamente, bruciando la terra con il loro calore insopportabile e causando grandi sofferenze all'umanità.

Di fronte a questa catastrofe, l'Imperatore Celeste chiese aiuto a Houyi, un arciere di abilità senza pari. Armato del suo arco e delle frecce d'oro, Houyi salì sulla cima del monte Kunlun e scagliò le sue frecce contro i soli. Nove dei dieci soli furono abbattuti, lasciando solo uno a illuminare il cielo, ripristinando così l'ordine naturale. Grazie alla sua impresa, Houyi fu celebrato come un eroe, ma la sua storia non finisce qui.

In seguito, Houyi e sua moglie, Chang'e, furono coinvolti in un altro mito noto, quello della ricerca dell'immortalità. Secondo la leggenda, Houyi ricevette un elisir di immortalità dalla Regina Madre dell'Occidente, ma Chang'e, temendo di essere separata per sempre da suo marito, bevve l'elisir e volò sulla luna, dove divenne la dea lunare. Houyi, addolorato, visse il resto della sua vita da mortale, venerato come un grande eroe, ma segnato dalla solitudine.

Yu il Grande e il Controllo delle Acque

Mentre Houyi è ricordato per le sue straordinarie capacità di arciere, Yu il Grande è celebrato come un ingegnere e leader che salvò la Cina da inondazioni devastanti. La leggenda di Yu il Grande è strettamente legata alla fondazione della dinastia Xia, la prima dinastia della Cina secondo la tradizione storica.

Si narra che prima dell'era di Yu, la Cina fosse devastata da terribili inondazioni che distruggevano villaggi e campi, rendendo impossibile la vita. L'imperatore di allora, Shun, incaricò il padre di Yu, Gun, di risolvere il problema, ma dopo nove anni di fallimenti, Gun fu giustiziato per la sua incompetenza. Fu allora che Yu venne chiamato a prendere il suo posto.

A differenza di suo padre, Yu adottò un approccio diverso: invece di cercare di bloccare le acque con dighe e argini, Yu decise di scavare canali e creare un sistema di drenaggio per guidare le acque verso il mare. Per tredici anni, Yu lavorò instancabilmente, viaggiando in lungo e in largo per il paese, spostando montagne e deviando fiumi. Si dice che Yu fosse così devoto al suo compito che non tornò a casa nemmeno per la nascita di suo figlio.

Grazie ai suoi sforzi, le inondazioni furono finalmente domate, e Yu divenne un eroe nazionale. Per ricompensarlo, l'imperatore Shun lo nominò suo successore, e Yu divenne il fondatore della dinastia Xia. La sua storia è un simbolo del potere dell'ingegno umano e della dedizione al bene comune.

Conclusione

Le gesta di Houyi e Yu il Grande sono tra i racconti più epici della mitologia cinese. Mentre Houyi rappresenta la forza e il coraggio necessari per affrontare minacce esterne, Yu il Grande incarna la saggezza e la perseveranza nella gestione delle risorse naturali. Entrambi questi miti riflettono l'importanza di eroi che non solo proteggono il loro popolo, ma anche trasformano il mondo attraverso le loro azioni, stabilendo modelli di comportamento che hanno ispirato la cultura cinese per millenni.

Analisi Simbolica

Le storie di Houyi e Yu il Grande, oltre ad essere avvincenti racconti di eroismo, sono cariche di significati simbolici profondi che riflettono le preoccupazioni e i valori centrali della cultura cinese. Entrambi i miti esemplificano il concetto di equilibrio tra l'uomo e la natura, la lotta per il controllo delle forze naturali e l'importanza della virtù e della dedizione.

Houyi e il Mito dei Dieci Soli

Il mito di Houyi che abbatte i nove soli è ricco di simbolismi che riguardano il potere, l'equilibrio e l'ordine cosmico. I dieci soli rappresentano un'espressione incontrollata delle forze naturali, un caos che minaccia l'esistenza stessa del mondo umano. Houyi, come arciere divino, assume il ruolo di restauratore dell'ordine, un eroe che interviene per riportare equilibrio nel mondo.

La sua impresa non è solo un atto di forza fisica, ma anche di grande responsabilità morale. Houyi non distrugge tutti i soli, ma lascia uno solo a illuminare il cielo, mantenendo così l'equilibrio necessario per la vita sulla Terra. Questo gesto rappresenta la saggezza nel moderare l'intervento umano nella natura: troppo controllo o troppa libertà portano entrambi al disastro. L'atto di abbattere i soli è quindi un simbolo del potere divino che deve essere esercitato con giudizio e misura, un tema ricorrente nelle filosofie cinesi, in particolare nel taoismo.

Inoltre, la storia di Houyi e Chang'e, con l'elixir dell'immortalità, introduce il tema della perdita e del sacrificio. Mentre Houyi salva l'umanità, perde ciò che gli è più caro: sua moglie. Questo aggiunge una dimensione tragica al mito, sottolineando che anche gli eroi devono affrontare conseguenze personali per le loro azioni. Il mito suggerisce che la grandezza spesso richiede sacrifici, e che la ricerca dell'immortalità o del potere assoluto può portare alla solitudine e alla perdita, riflettendo le complessità e le contraddizioni della condizione umana.

Yu il Grande e il Controllo delle Acque

La storia di Yu il Grande, che domò le inondazioni, è un potente simbolo del rapporto tra l'uomo e la natura, e della capacità dell'ingegno umano di superare difficoltà apparentemente insormontabili. Le inondazioni che devastano la Cina pre-Yu rappresentano non solo un disastro naturale, ma anche una metafora per il caos e l'anarchia che minacciano l'ordine sociale. L'impresa di Yu simboleggia la trasformazione del caos in ordine attraverso il lavoro diligente e l'intelligenza.

Yu è l'incarnazione dell'ideale confuciano di dedizione al dovere e al bene comune. Il suo rifiuto di tornare a casa per tredici anni, persino per assistere alla nascita di suo figlio, è visto come un esempio supremo di sacrificio personale per il bene della nazione. Questo riflette il valore confuciano dell'importanza di subordinare gli interessi personali a quelli collettivi, un principio che ha avuto un'influenza duratura sulla cultura politica e sociale cinese.

Il mito di Yu rappresenta anche l'idea del sovrano come ingegnere e innovatore, un leader che non solo governa, ma che risolve problemi pratici per il bene del suo popolo. La scelta di Yu di deviare le acque piuttosto che cercare di bloccarle con dighe rappresenta una strategia che riconosce e rispetta le forze della natura, piuttosto che cercare di opporvisi direttamente. Questo approccio pragmatico è profondamente radicato nella filosofia cinese, che spesso favorisce l'armonia con le forze naturali piuttosto che il loro confronto diretto.

Il Dualismo tra Forza e Saggezza

Le storie di Houyi e Yu il Grande, sebbene diverse nei loro dettagli, condividono un tema centrale: il dualismo tra forza fisica e saggezza morale. Houyi è l'arciere che utilizza la forza per risolvere una crisi immediata, mentre Yu il Grande rappresenta la saggezza e la pazienza, affrontando un problema di lunga durata attraverso il lavoro metodico e l'ingegnosità. Questi due approcci complementari riflettono l'equilibrio tra yin e yang, le forze opposte ma interdipendenti che formano la base della cosmologia cinese.

Houyi e Yu incarnano quindi due diversi tipi di eroi: uno è il guerriero che interviene in situazioni di emergenza, l'altro è il saggio che costruisce una soluzione duratura. Entrambi sono necessari per la stabilità della società, ma le loro storie ci insegnano che la forza senza saggezza può portare alla rovina, mentre la saggezza senza l'azione può essere inutile.

Conclusione

Attraverso le storie di Houyi e Yu il Grande, la mitologia cinese trasmette lezioni universali sulla natura del potere, dell'equilibrio e della responsabilità. Questi miti, ricchi di simbolismi, riflettono non solo le preoccupazioni pratiche della società antica, come il controllo delle forze naturali, ma anche temi più profondi come la moralità, il sacrificio e il ruolo del leader nella comunità. Questi racconti continuano a ispirare e a fornire modelli di comportamento virtuoso, incarnando i valori che sono alla base della cultura e della filosofia cinese.

Contestualizzazione Storica

Le figure di Houyi e Yu il Grande non solo rispecchiano valori e virtù fondamentali della cultura cinese, ma sono anche profondamente intrecciate con la storia e l'evoluzione delle società che hanno venerato questi eroi. Comprendere il contesto storico in cui questi miti si sono sviluppati ci aiuta a cogliere il loro significato e la loro persistenza nella tradizione cinese.

Houyi e l'Evoluzione del Mito nel Contesto Dinastico

Il mito di Houyi risale a un periodo molto antico della storia cinese, probabilmente durante la dinastia Xia (circa 2070-1600 a.C.) o anche prima. Houyi è spesso associato a figure storiche e mitologiche di arcaiche dinastie regnanti, e la sua leggenda può riflettere eventi reali, come conflitti tribali o cataclismi naturali che avrebbero potuto essere interpretati come segni della volontà divina.

Nel corso delle dinastie Zhou (1046-256 a.C.) e Han (206 a.C.-220 d.C.), il mito di Houyi venne integrato in un corpus mitologico più ampio, utilizzato per legittimare l'autorità dei sovrani e rafforzare l'ideologia imperiale. La sua storia, in cui egli riporta l'ordine cosmico abbattendo i nove soli, può essere vista come una metafora del ruolo del sovrano ideale: un leader che interviene per stabilire l'ordine e proteggere il popolo dalle forze caotiche. Questa integrazione nel contesto dinastico riflette il continuo processo di adattamento e reinterpretazione dei miti per servire le esigenze politiche e culturali delle varie epoche.

Inoltre, la leggenda di Houyi e della sua moglie Chang'e acquisì anche un'importanza rituale e religiosa, in particolare durante i festival legati alla luna, come il Mid-Autumn Festival, dove Chang'e è venerata come dea lunare. Questo evidenzia come il mito si sia evoluto non solo come narrazione storica, ma anche come elemento vitale della religiosità popolare e dei cicli festivi cinesi.

Yu il Grande e la Fondazione della Dinastia Xia

Yu il Grande è considerato il fondatore della dinastia Xia, la prima dinastia della storia cinese secondo la tradizione. Sebbene la storicità della dinastia Xia sia ancora oggetto di dibattito tra gli studiosi, con prove archeologiche limitate che ne confermano l'esistenza, la leggenda di Yu ha avuto un'influenza duratura sulla cultura politica e sociale cinese.

La storia di Yu, che controlla le inondazioni e salva la Cina da catastrofi naturali, riflette la realtà delle antiche società agricole che dipendevano fortemente dal controllo delle risorse idriche. In un'epoca in cui le inondazioni erano una delle principali minacce per la sopravvivenza delle comunità, un leader capace di domare le acque sarebbe stato visto non solo come un sovrano competente, ma quasi come un salvatore divino.

Durante la dinastia Zhou e le successive, la figura di Yu fu venerata come un esempio supremo di sovranità virtuosa e ingegnosità. Le tecniche idrauliche attribuite a Yu e i suoi metodi per gestire le inondazioni furono studiati e emulati dai successivi imperatori, specialmente durante la dinastia Han, che cercò di stabilizzare e controllare l'agricoltura attraverso un sistema di irrigazione e gestione delle acque basato su quelle stesse leggende.

Il mito di Yu, quindi, non solo giustificava l'autorità della dinastia Xia e dei suoi discendenti, ma serviva anche come modello per i sovrani successivi, mostrando come la capacità di gestire le risorse naturali fosse essenziale per mantenere l'ordine e la prosperità nel regno.

L'Influenza dei Miti su Riti e Politica

I miti di Houyi e Yu il Grande non erano solo storie raccontate per intrattenere; essi avevano un ruolo pratico e cerimoniale nella vita della Cina antica. Durante vari rituali e cerimonie, gli imperatori cinesi invocavano questi eroi leggendari per dimostrare la loro continuità con i sovrani mitici e per legittimare il loro potere. Ad esempio, durante il Capodanno Cinese, molti riti avevano lo scopo di garantire che l'equilibrio stabilito da figure come Houyi e Yu il Grande fosse mantenuto per l'anno successivo.

Inoltre, la narrazione di queste storie era integrata nell'educazione dei funzionari e della nobiltà, che vedevano in questi miti una guida etica e morale. La storia di Yu, in particolare, veniva utilizzata per sottolineare l'importanza della dedizione al dovere e del sacrificio personale per il bene del popolo, un valore che rimane centrale nella cultura cinese.

Conclusione

Le leggende di Houyi e Yu il Grande sono radicate in un contesto storico e culturale che ne ha plasmato la forma e il contenuto. Attraverso secoli di adattamenti e reinterpretazioni, questi miti hanno continuato a rispecchiare le esigenze e i valori della società cinese. Essi hanno fornito modelli di comportamento e legittimazione per i governanti e sono stati celebrati nei riti e nelle cerimonie che hanno segnato la vita politica e religiosa della Cina. Comprendere queste figure non solo come eroi mitici, ma anche come strumenti di coesione sociale e politica, offre una visione più profonda dell'impatto duraturo di questi racconti epici sulla civiltà cinese.

Capitolo 6: I Guerrieri Immortali: Gli Otto Immortali e la Loro Eterna Saga

Narrazione del Mito

Gli Otto Immortali (*Bāxiān* 八仙) sono tra le figure più popolari e affascinanti della mitologia cinese, rappresentando ideali di saggezza, potere spirituale e immortalità. Questi otto esseri leggendari sono venerati sia nella religione taoista che nella cultura popolare, dove le loro storie di avventure e miracoli continuano a ispirare e affascinare generazioni.

Secondo la leggenda, gli Otto Immortali sono esseri umani che, attraverso varie prove, pratiche spirituali e atti di virtù, hanno raggiunto l'immortalità e ora risiedono nel regno degli immortali, al di fuori delle limitazioni del tempo e dello spazio. Ciascuno di loro rappresenta un aspetto diverso dell'esperienza umana e un percorso unico verso l'illuminazione e l'immortalità.

Zhongli Quan (钟离权): Considerato il capo degli Otto Immortali, Zhongli Quan è spesso raffigurato come un uomo anziano e corpulento, con una lunga barba bianca. È noto per portare con sé un ventaglio magico che ha il potere di riportare in vita i morti e trasformare le pietre in oro e argento. Zhongli Quan è venerato come un maestro taoista che predica la via della salvezza e dell'illuminazione spirituale.

Lu Dongbin (吕洞宾): Lu Dongbin è probabilmente il più famoso degli Otto Immortali, spesso raffigurato come un giovane elegante con una spada magica che usa per combattere demoni e spiriti maligni. Prima di diventare immortale, Lu Dongbin era un erudito, ma decise di abbandonare la carriera mondana per seguire il Tao. Le sue avventure sono numerose e comprendono l'esplorazione della natura illusoria del mondo.

Han Xiangzi (韩湘子): Han Xiangzi è noto come il patrono dei musicisti ed è spesso raffigurato con un flauto, strumento che utilizza per incantare e trasformare la realtà. È il nipote di Han Yu, un famoso letterato della dinastia Tang, e rappresenta l'ideale dell'arte che trascende la materia.

Zhang Guolao (张果老): Zhang Guolao è uno degli immortali più eccentrici, noto per cavalcare un asino che può piegare e riporre come un pezzo di carta quando non in uso. Rappresenta l'antico saggio che, nonostante il suo aspetto trasandato, possiede una profonda saggezza e conoscenza del Tao. Zhang Guolao è anche associato all'alchimia e all'arte di produrre elisir di lunga vita.

Li Tieguai (李铁拐): Li Tieguai è facilmente riconoscibile per la sua figura zoppa e per il bastone che porta sempre con sé. Nonostante il suo aspetto deforme, Li Tieguai è noto per la sua grande compassione e potere curativo. La sua leggenda include la storia del suo spirito che, durante un viaggio fuori dal corpo, dovette entrare nel corpo di un mendicante zoppo, da cui il suo aspetto.

Lan Caihe (蓝采和): Lan Caihe è una figura androgina spesso raffigurata con abiti stravaganti e un cesto di fiori, simbolo dell'eterna giovinezza e della natura ciclica della vita. Lan Caihe è conosciuta per il suo comportamento eccentrico e la sua indifferenza verso i beni materiali, rappresentando l'ideale taoista del distacco dal mondo.

He Xiangu (何仙姑): L'unica donna tra gli Otto Immortali, He Xiangu è venerata come protettrice delle donne e dei bambini. È spesso raffigurata con un fiore di loto, simbolo di purezza spirituale. La leggenda narra che raggiunse l'immortalità dopo aver mangiato un'erba magica che la rese eternamente giovane.

Cao Guojiu (曹国舅): Cao Guojiu è un membro della famiglia imperiale della dinastia Song, noto per il suo carattere retto e la sua devozione alla giustizia. Porta con sé una tavoletta di giada, simbolo della sua autorità imperiale, e rappresenta la moralità e la virtù nell'esercizio del potere.

Le storie degli Otto Immortali sono numerose e variopinte, spaziando da avventure epiche a incontri con divinità e demoni. In molti racconti, gli immortali si riuniscono per combattere il male, proteggere gli innocenti e guidare i mortali verso la via del Tao. Ognuno di loro possiede poteri magici unici, e insieme rappresentano un microcosmo della società umana, dove diversi aspetti dell'esperienza e della personalità umana vengono esaltati e divinizzati.

Gli Otto Immortali sono anche simboli di speranza e aspirazione, mostrando che, attraverso la virtù e la saggezza, è possibile superare le limitazioni umane e raggiungere l'immortalità. Essi incarnano l'ideale taoista della fusione con il Tao, la forza universale che permea ogni cosa, e continuano a ispirare la pratica religiosa e la cultura popolare in Cina. Le loro leggende non solo affascinano con storie di magia e potere, ma trasmettono anche insegnamenti morali e spirituali che rimangono rilevanti ancora oggi.

Analisi Simbolica

Gli Otto Immortali sono figure iconiche della mitologia cinese, ciascuno rappresentante un particolare aspetto della vita umana e del cammino spirituale. La loro esistenza mitica e il loro percorso verso l'immortalità sono ricchi di simbolismi che riflettono i valori centrali della filosofia taoista e la complessità della condizione umana.

Il Simbolismo dell'Immortalità

L'immortalità, il dono che accomuna gli Otto Immortali, è un concetto fondamentale nella tradizione taoista. Non si tratta solo di vivere per sempre, ma di trascendere le limitazioni fisiche e materiali del mondo terreno. L'immortalità simbolizza la fusione con il Tao, l'armonia perfetta con l'universo, e il raggiungimento di uno stato di esistenza superiore. Gli Otto Immortali rappresentano quindi l'aspirazione ultima dell'essere umano: raggiungere uno stato di perfezione spirituale in cui il corpo, la mente e lo spirito sono in equilibrio.

Rappresentazione delle Diverse Vie al Tao

Ogni Immortale simboleggia un diverso percorso verso l'illuminazione e l'immortalità, riflettendo l'idea taoista che non esista un'unica strada verso il Tao. Zhongli Quan, con il suo ventaglio magico, rappresenta la capacità di trasformare e rigenerare, un simbolo del potere di rinnovamento spirituale. Lu Dongbin, con la sua spada, incarna la lotta contro l'ignoranza e il male, simbolizzando la necessità di superare le illusioni del mondo materiale per avvicinarsi alla verità.

Li Tieguai, con la sua figura deforme, è forse l'esempio più potente di come il valore spirituale trascenda l'apparenza fisica. Il suo mito sfida le concezioni superficiali di bellezza e salute, sottolineando che la vera forza risiede nello spirito e nella compassione, non nel corpo. Lan Caihe, androgino e distante dai beni materiali, rappresenta l'ideale taoista del distacco e della non-attaccamento, un principio fondamentale per raggiungere la pace interiore.

He Xiangu, l'unica donna del gruppo, è un simbolo di purezza e guarigione, rappresentando la cura e la protezione, valori associati alla femminilità nella tradizione cinese. Zhang Guolao, con il suo asino magico, riflette l'importanza dell'adattabilità e della saggezza pratica, qualità essenziali per navigare le sfide della vita. Han Xiangzi, il musicista, simboleggia la potenza dell'arte come via per elevare l'anima e comunicare con il divino, mentre Cao Guojiu rappresenta la giustizia e la rettitudine morale, valori essenziali per mantenere l'ordine e la pace.

Simbolismo dei Poteri Magici

Gli strumenti e i poteri magici posseduti dagli Otto Immortali non sono semplici oggetti di fantasia, ma simboli profondi delle loro qualità spirituali e delle lezioni che essi insegnano. Il ventaglio di Zhongli Quan, che può riportare in vita i morti, rappresenta la forza della rinascita e della trasformazione, essenziale nel ciclo della vita e del Tao. La spada di Lu Dongbin non è solo un'arma, ma un simbolo della volontà di combattere l'ignoranza e l'ingiustizia, incarnando la protezione del dharma e la verità.

Il flauto di Han Xiangzi simboleggia l'armonia dell'universo, il potere della musica di elevare l'anima e di connettere l'uomo al divino. Il loto di He Xiangu, fiore che cresce nel fango ma sboccia puro, rappresenta la purezza che emerge dalle impurità del mondo, un simbolo di speranza e di possibilità di redenzione.

Il Taoismo e la Non-Conformità

Gli Otto Immortali, con le loro vite e personalità uniche, incarnano anche l'ideale taoista di non-conformità e individualismo. Ciascuno di loro segue una via personale verso l'illuminazione, spesso in contrasto con le convenzioni sociali e le aspettative. Questo rispecchia l'insegnamento taoista che il vero cammino spirituale non può essere imposto dall'esterno, ma deve essere scoperto interiormente, attraverso l'esperienza e l'intuizione personale.

Il comportamento eccentrico di Lan Caihe e Zhang Guolao, ad esempio, illustra il disprezzo per le convenzioni sociali e l'attenzione verso l'essenza piuttosto che verso le apparenze. La loro saggezza non è riconoscibile nei termini tradizionali, ma è radicata in una profonda comprensione del Tao, che trascende il mondo superficiale delle forme.

Simbolismo della Guida Spirituale

Gli Otto Immortali sono spesso rappresentati come guide spirituali, capaci di aiutare gli esseri umani a trovare la loro strada attraverso le difficoltà della vita. Ogni Immortale, attraverso la sua storia e i suoi attributi, offre un modello o un insegnamento per superare specifici ostacoli spirituali. Zhongli Quan, ad esempio, guida le anime verso la salvezza attraverso la trasformazione, mentre Li Tieguai insegna la compassione e l'accettazione delle imperfezioni umane.

Questi simbolismi sono integrati nella vita quotidiana attraverso la religione e le pratiche popolari, dove gli Otto Immortali vengono invocati per ottenere protezione, fortuna, salute e longevità. Il loro status di immortali li rende anche intercessori tra il mondo umano e quello divino, capaci di influenzare positivamente la vita dei mortali.

Conclusione

Gli Otto Immortali non sono solo figure leggendarie della mitologia cinese, ma incarnano profonde verità spirituali e filosofiche. I loro simbolismi toccano tutti gli aspetti dell'esperienza umana, offrendo lezioni di saggezza, compassione, adattabilità, e virtù morale. Attraverso i loro miti, essi insegnano che l'immortalità è raggiungibile non solo attraverso la vita eterna, ma anche attraverso l'armonia con il Tao e la realizzazione del proprio potenziale spirituale. Questi miti continuano a ispirare e guidare coloro che cercano significato e scopo nella vita, riflettendo la ricchezza e la profondità della cultura e della filosofia cinese.

Contestualizzazione Storica

Gli Otto Immortali, sebbene figure mitologiche, hanno avuto un impatto profondo sulla cultura e la religione cinesi, diventando simboli di virtù, potere spirituale e aspirazioni umane. La loro storia e venerazione si sono evolute attraverso i secoli, riflettendo cambiamenti sociali, culturali e religiosi che hanno segnato la storia della Cina.

Origini e Sviluppo del Culto degli Otto Immortali

Le prime menzioni degli Otto Immortali risalgono alla dinastia Tang (618-907 d.C.), un periodo di grande fioritura culturale e spirituale in Cina. Durante questa dinastia, il taoismo guadagnò un'importanza notevole e i miti legati agli immortali iniziarono a prendere forma. Tuttavia, fu durante la dinastia Song (960-1279 d.C.) che gli Otto Immortali cominciarono a emergere come gruppo coeso e popolare nel folklore e nella religione taoista.

La dinastia Song, caratterizzata da un rinascimento culturale e dall'espansione delle arti, vide anche un grande interesse per le figure taoiste e la diffusione dei loro miti attraverso la pittura, la letteratura e la religione popolare. Gli Otto Immortali furono celebrati in opere d'arte, racconti e opere teatrali, consolidando la loro posizione nella cultura cinese. Essi divennero simboli di potere spirituale e modelli di condotta morale, associati alla ricerca dell'immortalità e alla protezione delle persone comuni.

Gli Otto Immortali nella Religione e nella Vita Quotidiana

Nel corso dei secoli, gli Otto Immortali si sono integrati profondamente nella vita religiosa e quotidiana del popolo cinese. Le loro storie non solo hanno arricchito il patrimonio culturale del paese, ma hanno anche influenzato pratiche religiose e rituali. Le immagini degli Otto Immortali sono spesso presenti in templi, case e santuari, dove vengono venerati per ottenere benedizioni, salute, longevità e protezione contro le forze del male.

Durante la dinastia Ming (1368-1644 d.C.), il culto degli Otto Immortali raggiunse un nuovo apice, con la loro immagine che divenne onnipresente nelle ceramiche, nelle stampe e nelle decorazioni domestiche. Questo periodo vide anche la formalizzazione delle loro storie in testi religiosi e popolari, che contribuì a diffondere il loro culto oltre i confini della Cina, raggiungendo comunità cinesi in Asia orientale e sudorientale.

Influenza sugli Ideali Culturali e Morali

Gli Otto Immortali sono stati anche utilizzati come simboli di ideali culturali e morali, specialmente nelle filosofie confuciane e taoiste. Essi incarnano le virtù di saggezza, compassione, giustizia e moderazione, che sono stati promossi come standard di comportamento per la popolazione. Ciascun Immortale, con le sue qualità uniche, rappresenta un ideale diverso che si allinea con gli insegnamenti morali di queste tradizioni filosofiche.

Ad esempio, Lu Dongbin è celebrato come un modello di giustizia e di lotta contro il male, riflettendo il confucianesimo e l'importanza della rettitudine morale. Li Tieguai, con la sua compassione per i malati e i poveri, rappresenta la virtù taoista della compassione e dell'altruismo, mostrando come la vera bellezza e forza risiedano nell'anima piuttosto che nell'aspetto esteriore.

L'Eredità degli Otto Immortali nella Cina Contemporanea:

Anche nella Cina moderna, gli Otto Immortali continuano a essere figure rilevanti e venerate. Il loro culto persiste, specialmente nelle aree rurali e tra le comunità taoiste, dove le loro storie sono raccontate durante festival religiosi e celebrazioni popolari. Nella cultura popolare, gli Otto Immortali sono rappresentati in film, programmi televisivi e opere teatrali, mantenendo viva la loro presenza nell'immaginario collettivo.

Inoltre, il simbolismo degli Otto Immortali ha trovato una nuova vita nell'arte contemporanea e nella letteratura, dove vengono reinterpretati come figure simboliche che rappresentano la resilienza e la capacità di superare le avversità. Questi racconti offrono ancora oggi un potente richiamo agli ideali di saggezza, virtù e immortalità spirituale.

Conclusione

Gli Otto Immortali, originariamente figure mitologiche della tradizione taoista, sono diventati parte integrante della cultura cinese, influenzando la religione, l'arte e la vita quotidiana. La loro storia è un riflesso delle aspirazioni spirituali della società cinese e delle sfide che l'umanità affronta nel percorso verso l'illuminazione. Mentre la Cina continua a evolversi, il loro mito rimane un simbolo duraturo di speranza e di guida morale, ispirando nuove generazioni a perseguire la saggezza e la virtù nel loro cammino spirituale.

Capitolo 7: Il Culto del Drago: Potere, Saggezza e Protezione

Narrazione del Mito

Il drago, o *lóng* (龙), è una delle creature mitologiche più importanti e venerate della cultura cinese. A differenza delle tradizioni occidentali, dove il drago è spesso rappresentato come un mostro malvagio da sconfiggere, il drago cinese è una figura benevola e potente, simbolo di forza, saggezza e protezione. Le leggende sui draghi permeano la mitologia cinese, riflettendo il profondo rispetto e timore che questa creatura suscita.

Origini e Caratteristiche del Drago Cinese

Il drago cinese è una creatura composita, unendo tratti di diversi animali: la testa di un cammello, le corna di un cervo, gli occhi di un demone, le orecchie di un bue, il corpo di un serpente coperto di squame di pesce, le zampe di una tigre e gli artigli di un'aquila. Questa combinazione di caratteristiche lo rende una creatura unica e maestosa, capace di volare nel cielo e nuotare nelle profondità del mare.

Le leggende narrano che i draghi abitano i fiumi, i laghi e i mari, governando le acque e i fenomeni atmosferici. Sono i guardiani della pioggia e del vento, responsabili delle stagioni e della fertilità delle terre. In tempi antichi, i draghi erano venerati come divinità dell'agricoltura, e si credeva che il loro favore fosse essenziale per garantire un buon raccolto.

Il Drago e l'Imperatore

Uno degli aspetti più affascinanti del culto del drago è la sua associazione con l'imperatore cinese. Secondo la tradizione, l'imperatore era considerato il "Figlio del Drago", un titolo che indicava la sua connessione divina con questa creatura e il suo ruolo di mediatore tra il Cielo e la Terra. L'immagine del drago divenne quindi un simbolo dell'autorità imperiale, rappresentando il potere supremo, la saggezza e la protezione del popolo.

Durante la dinastia Qing (1644-1912), l'uso dell'immagine del drago fu rigidamente controllato: solo l'imperatore poteva utilizzare il drago a cinque artigli come simbolo, mentre i nobili potevano usare draghi con quattro o tre artigli. Questo codice rifletteva la gerarchia del potere e il legame sacro tra il drago e la famiglia imperiale.

La Danza del Drago e i Riti Popolari

Il drago non era venerato solo a corte, ma anche nelle comunità locali, dove era protagonista di numerosi riti e festività. Una delle tradizioni più celebri è la Danza del Drago, una spettacolare esibizione che si tiene durante il Capodanno Cinese e altre importanti celebrazioni. In questa danza, una lunga figura di drago, manovrata da numerosi danzatori, si snoda per le strade come simbolo di buon auspicio e protezione contro le forze maligne.

Secondo la leggenda, la Danza del Drago scaccia gli spiriti maligni e porta fortuna per l'anno a venire. Il drago, con i suoi movimenti sinuosi e fluidi, simboleggia la potenza e la grazia della natura, capace di dominare le forze del caos e ristabilire l'armonia. Questa danza riflette anche il profondo rispetto della cultura cinese per il drago come protettore e benefattore delle comunità.

Il Drago come Simbolo di Saggezza e Conoscenza

Oltre al suo ruolo come guardiano e protettore, il drago è anche un simbolo di saggezza e conoscenza. Le leggende narrano di draghi che custodiscono perle preziose, simbolo di saggezza e potere spirituale, spesso rappresentate come il segreto della longevità o la chiave per comprendere i misteri dell'universo. Si dice che solo coloro che sono puri di cuore e mente possono avvicinarsi a queste perle senza subire la collera del drago.

Il drago è anche associato all'elemento acqua, che in molte culture, compresa quella cinese, è simbolo di vita, flessibilità e forza. L'acqua rappresenta la capacità di adattarsi, di fluire intorno agli ostacoli, ma anche di esercitare un potere immenso quando incanalata correttamente. In questo senso, il drago è visto come il maestro dell'equilibrio e della saggezza, capace di controllare le forze della natura per il bene dell'umanità.

Conclusione

Il drago nella mitologia cinese non è semplicemente una creatura mitica, ma un simbolo complesso e multifacettato che incarna il potere, la saggezza e la protezione. Attraverso le sue storie e rappresentazioni, il drago riflette i valori fondamentali della cultura cinese, come il rispetto per la natura, l'importanza dell'armonia e la venerazione del potere divino. La sua presenza continua a essere celebrata nella vita quotidiana, nei rituali e nelle festività, dimostrando il suo ruolo duraturo nella tradizione e nell'identità culturale cinese.

Analisi Simbolica

Il drago nella cultura cinese non è soltanto una creatura mitologica, ma un simbolo profondamente radicato che incarna diversi concetti essenziali del pensiero cinese, dalla forza e protezione fino alla saggezza e alla capacità di governare. La sua immagine poliedrica ha attraversato millenni, riflettendo e influenzando le credenze, i valori e le istituzioni sociali.

Il Drago come Simbolo di Potere e Autorità

Il drago cinese è tradizionalmente associato all'imperatore, visto come l'incarnazione terrena di questo essere mitologico. L'imperatore, spesso indicato come "Figlio del Drago," rappresenta l'ordine celeste sulla Terra, con il drago che simboleggia il potere assoluto, la sovranità e la legittimità del governo. Questa associazione si rifletteva nei vestiti, nei troni, nei sigilli e in altri simboli imperiali, dove il drago a cinque artigli era un segno distintivo riservato esclusivamente all'imperatore.

In questo contesto, il drago non rappresenta solo il potere bruto, ma anche la capacità di governare con saggezza e giustizia. L'idea che l'imperatore, come il drago, abbia il dovere di mantenere l'armonia tra Cielo e Terra è una metafora del ruolo sovrano nella società cinese, dove il bene comune e l'equilibrio sono considerati fondamentali. La forza del drago è quindi vista non come tirannia, ma come potere esercitato in nome dell'armonia e della protezione del popolo.

Simbolismo della Saggezza e del Controllo delle Forze Naturali

Il drago è anche una rappresentazione del controllo delle forze naturali, in particolare dell'acqua, che in Cina ha sempre avuto un'importanza vitale. Come governatore delle piogge e delle acque, il drago rappresenta la capacità di controllare e canalizzare le risorse naturali per il bene della società. Questo simbolismo è particolarmente significativo in un paese la cui agricoltura e prosperità dipendono fortemente dalla gestione delle risorse idriche.

Il controllo delle acque da parte del drago è anche un simbolo del controllo della saggezza e della conoscenza. L'acqua, come il drago, può essere sia distruttiva che benefica, a seconda di come viene gestita. La capacità del drago di governare l'acqua riflette l'ideale di saggezza nella cultura cinese: la capacità di adattarsi, di essere flessibili come l'acqua, ma anche di possedere la forza di domare e guidare le forze naturali verso un bene superiore.

Il Drago e l'Elemento Acqua: Un Simbolo di Vita e Rinnovamento

L'associazione del drago con l'acqua va oltre la semplice gestione delle risorse; tocca anche il tema del rinnovamento e della vita. L'acqua è essenziale per la vita, e così il drago, come signore delle piogge, è visto come un portatore di vita e prosperità. Questo simbolismo è evidente nelle cerimonie agricole, dove i draghi sono invocati per garantire buone piogge e raccolti abbondanti.

Nella filosofia taoista, l'acqua è anche simbolo di adattabilità e flessibilità, qualità che sono centrali per la saggezza. Come il drago, che può muoversi liberamente tra il cielo e il mare, anche l'acqua scorre senza sforzo, trovando il suo percorso senza opporre resistenza. Questo concetto è legato all'idea taoista del "wu wei" (无为), l'azione senza sforzo o il non agire forzato, che promuove un approccio armonioso e naturale alla vita. Il drago, quindi, non è solo un simbolo di potere, ma anche di equilibrio, fluidità e rinnovamento.

Il Drago come Protettore e Portatore di Buona Fortuna

Il drago è venerato anche come protettore contro le forze maligne. Nelle leggende e nelle pratiche popolari, il drago è spesso invocato per scacciare gli spiriti maligni e proteggere le comunità. Questo ruolo protettivo si manifesta chiaramente nella Danza del Drago durante il Capodanno Cinese, dove la sua presenza è considerata un auspicio di fortuna e prosperità per l'anno a venire.

In questo senso, il drago è anche un simbolo di speranza e rinnovamento. La sua apparizione nelle celebrazioni e nei rituali simboleggia la cacciata delle vecchie energie e l'accoglienza del nuovo, in linea con la ciclicità del tempo e della vita nella cultura cinese. La fortuna portata dal drago è vista non solo come un dono materiale, ma anche come un flusso di energia positiva che rinnova e purifica.

Conclusione

Il drago cinese è una figura simbolica complessa e potente, che rappresenta molti degli ideali centrali della cultura cinese: potere, saggezza, protezione, e controllo delle forze naturali. Attraverso la sua associazione con l'imperatore, l'acqua e i rituali di protezione, il drago incarna l'ideale del governante saggio e giusto, capace di mantenere l'armonia tra Cielo e Terra. La sua presenza nella vita quotidiana, nei miti e nelle cerimonie continua a ispirare e guidare il popolo cinese, ricordando l'importanza dell'equilibrio, della saggezza e della protezione nel percorso della vita.

Contestualizzazione Storica

Il drago nella cultura cinese ha una lunga e ricca storia che si intreccia con lo sviluppo della civiltà cinese stessa. La figura del drago è stata una costante nel corso delle diverse dinastie e ha riflettuto, in varie epoche, i cambiamenti politici, sociali e religiosi che hanno attraversato la Cina. Analizzare la sua evoluzione storica ci permette di comprendere meglio il suo ruolo simbolico e la sua rilevanza nella cultura cinese.

Origini Arcaiche e Prime Rappresentazioni

Le prime rappresentazioni del drago risalgono a migliaia di anni fa, con testimonianze archeologiche che suggeriscono la presenza di immagini draconiche già nel Neolitico. Questi draghi primitivi, spesso raffigurati in giada, avevano forme serpentine e sono stati trovati in siti archeologici come Hongshan e Liangzhu, indicando che il drago era già un simbolo sacro e significativo nelle culture preistoriche cinesi.

Con l'avvento della dinastia Shang (circa 1600-1046 a.C.), il drago cominciò a comparire nei bronzi rituali e nelle iscrizioni oracolari. Durante questa epoca, il drago era visto come una creatura connessa al potere divino e alla capacità di comunicare con il mondo spirituale, riflettendo l'importanza dei riti e delle cerimonie religiose nella legittimazione del potere politico.

Il Drago e la Dinastia Zhou

Durante la dinastia Zhou (1046-256 a.C.), il drago divenne strettamente associato all'autorità regale. Il legame tra il drago e l'imperatore si rafforzò ulteriormente, con il drago che simboleggiava non solo il potere celeste, ma anche l'ordine morale e politico. Il drago divenne così un emblema della virtù regale e della capacità dell'imperatore di governare secondo il Mandato del Cielo.

Questa associazione venne consolidata con la creazione di rituali complessi e gerarchizzati, in cui il drago occupava un posto centrale. I rituali dell'epoca Zhou stabilirono una connessione simbolica tra il drago, l'imperatore e le forze cosmiche, consolidando l'idea che l'ordine sulla Terra riflettesse l'armonia del Cielo.

Il Drago nelle Dinastie Qin e Han

Con l'unificazione della Cina sotto la dinastia Qin (221-206 a.C.) e successivamente la dinastia Han (206 a.C.-220 d.C.), il drago venne ulteriormente integrato nell'ideologia imperiale. La standardizzazione dell'immagine del drago come simbolo dell'imperatore si consolidò durante questo periodo, con il drago che venne rappresentato su sigilli, monete e altre manifestazioni del potere statale.

Durante la dinastia Han, l'immagine del drago venne utilizzata anche come simbolo di protezione e fortuna. Si credeva che il drago potesse proteggere l'impero dalle calamità naturali e dagli spiriti maligni. Il culto del drago si diffondeva non solo a corte, ma anche tra la popolazione, rafforzando il legame tra il popolo e l'imperatore attraverso la comune venerazione di questa creatura mitologica.

L'Evoluzione del Culto del Drago nelle Dinastie Tang e Song

La dinastia Tang (618-907 d.C.) segnò un periodo di grande fioritura culturale, durante il quale il drago continuò a essere un simbolo predominante. Sotto i Tang, il drago divenne non solo un simbolo di potere imperiale, ma anche un emblema di forza militare e protezione. Le rappresentazioni artistiche del drago si moltiplicarono, evidenziando la sua bellezza e potenza in pitture, sculture e tessuti.

Durante la dinastia Song (960-1279 d.C.), il drago mantenne il suo status di simbolo imperiale, ma acquisì anche nuove connotazioni nel contesto del taoismo e del buddhismo. Il drago divenne un simbolo di saggezza spirituale e illuminazione, riflettendo la crescente influenza di queste religioni sulla cultura cinese. Le storie e le leggende sui draghi vennero incorporate in testi religiosi e morali, rafforzando il drago come simbolo non solo di potere, ma anche di virtù spirituale.

Il Drago nella Cina Imperiale e Contemporanea

Il drago continuò a essere un simbolo centrale fino alla caduta della dinastia Qing (1644-1912 d.C.), l'ultima dinastia imperiale della Cina. Durante i Qing, l'immagine del drago a cinque artigli venne riservata esclusivamente all'imperatore, mentre i membri della famiglia reale e i nobili di rango inferiore potevano utilizzare draghi con un numero inferiore di artigli.

Con la fine dell'impero e l'inizio della Repubblica di Cina nel 1912, il drago come simbolo di autorità imperiale perse il suo significato politico, ma mantenne la sua importanza culturale e religiosa. Nella Cina contemporanea, il drago è ancora venerato come simbolo di forza, fortuna e protezione. Viene celebrato in festival e cerimonie, e rimane un simbolo di orgoglio nazionale e identità culturale.

Conclusione

Il drago ha accompagnato la storia della Cina sin dalle sue origini, evolvendosi con le dinamiche politiche e culturali del paese. Da simbolo di potere imperiale a emblema di saggezza e protezione, il drago è rimasto una figura centrale nel pantheon cinese, rappresentando l'ideale di armonia tra uomo e natura, tra governante e popolo. Anche nella Cina moderna, il drago continua a essere un potente simbolo culturale, incarnando la ricca eredità spirituale e storica della nazione.

Capitolo 8: Le Creature dei Fiumi e delle Montagne: Qilin, Fenici e Altre Meraviglie

Narrazione del Mito

La mitologia cinese è popolata da una varietà di creature leggendarie che abitano i fiumi, le montagne e i cieli. Tra queste, il Qilin e la Fenice sono due delle figure più maestose e simboliche, ognuna con il proprio ruolo distintivo nel pantheon mitologico. Queste creature non solo arricchiscono il tessuto mitico della Cina, ma rappresentano anche virtù, poteri naturali e auguri di prosperità e pace.

Il Qilin: Messaggero di Pace e Simbolo di Virtù

Il Qilin (麒麟) è una delle creature mitologiche più venerate in Cina, spesso paragonato all'unicorno occidentale per la sua bellezza e rarità. Descritto come una creatura dall'aspetto composito, il Qilin possiede il corpo di un cervo, la coda di un bue, gli zoccoli di un cavallo e, in alcune rappresentazioni, una copertura di scaglie simile a quella di un drago. A volte viene raffigurato con una singola corna o con due corna, e il suo aspetto può variare leggermente a seconda delle epoche e delle interpretazioni artistiche.

Secondo la leggenda, il Qilin appare solo in tempi di pace e prosperità, o alla presenza di un sovrano giusto e virtuoso. È visto come un presagio di buon auspicio, annunciando l'arrivo di un leader illuminato o la nascita di un grande saggio. Una delle storie più celebri narra che un Qilin apparve alla madre di Confucio prima della sua nascita, predicendo la grandezza futura del filosofo.

Il Qilin è anche un simbolo di benevolenza e giustizia. Si dice che cammini così delicatamente che non calpesta nemmeno un filo d'erba o una singola creatura vivente, incarnando la compassione e la moralità. La sua apparizione è considerata un segno di armonia tra Cielo e Terra, e la sua presenza è sempre legata a periodi di grande stabilità e prosperità.

La Fenice: Sovrana degli Uccelli e Simbolo di Rinascita

La Fenice, o Fenghuang (凤凰), è un altro simbolo potentemente evocativo della mitologia cinese. Spesso descritta come una creatura splendente dai colori vivaci, la Fenice è una combinazione di diversi uccelli, con il corpo di un fagiano, la coda di un pavone, le ali di un'aquila e il becco di un pappagallo. In alcune rappresentazioni, la Fenice è maschio (Feng) e femmina (Huang), ma col tempo i due aspetti si sono fusi in una singola figura androgina che rappresenta l'equilibrio tra yin e yang.

La Fenice è associata al sole, al sud e all'estate, rappresentando l'elemento fuoco. È considerata la regina di tutti gli uccelli e simboleggia la virtù, la grazia e la bellezza. Come il Qilin, la Fenice appare solo in tempi di pace e prosperità, ma ha anche una connessione più profonda con il concetto di rinascita e rinnovamento.

Secondo le leggende, la Fenice ciclicamente brucia e rinasce dalle proprie ceneri, un potente simbolo di immortalità e continuità. Questo ciclo di morte e rinascita è visto come una metafora della perseveranza e della rigenerazione, tanto a livello individuale quanto collettivo. Nella mitologia cinese, la Fenice è spesso associata all'Imperatrice, mentre il Drago è associato all'Imperatore, insieme rappresentano l'armonia dell'universo e la stabilità dell'ordine cosmico.

Altre Creature Meravigliose

Oltre al Qilin e alla Fenice, la mitologia cinese è popolata da molte altre creature fantastiche che abitano fiumi, montagne e cieli. Tra queste, il Bixi (赑屃), una tartaruga mitologica che porta pesanti stele sulle sue spalle, è un simbolo di forza e longevità. Si crede che il Bixi porti sulle sue spalle il peso della conoscenza e della storia, spesso raffigurato ai piedi di stele commemorative in templi e tombe.

Un'altra creatura notevole è il Bai Ze (白泽), una bestia bianca che si dice conosca tutti i segreti e i nomi degli spiriti e dei demoni. Secondo la leggenda, l'imperatore giallo Huangdi incontrò il Bai Ze durante il suo viaggio per esplorare il mondo, e da lui apprese tutto ciò che c'è da sapere sul mondo soprannaturale, conoscenze che trascrisse in un libro sacro.

Conclusione

Il Qilin, la Fenice e altre creature mitologiche dei fiumi e delle montagne cinesi sono più di semplici figure leggendarie; esse incarnano i valori e le aspirazioni più profonde della cultura cinese. Attraverso le loro storie, queste creature rappresentano la virtù, la pace, la rinascita e la saggezza, offrendo modelli di comportamento e ispirazione per le generazioni future. Le loro leggende continuano a vivere nella cultura e nelle tradizioni cinesi, ricordando l'importanza della moralità, dell'armonia e del rispetto per la natura e per il mondo spirituale.

Analisi Simbolica

Le creature mitologiche come il Qilin, la Fenice e altre meraviglie della mitologia cinese non sono semplici personificazioni di fantasie popolari, ma rappresentano simboli profondi e complessi che riflettono i valori, le credenze e la filosofia della cultura cinese. Attraverso queste creature, si esprimono concetti di virtù, armonia, rinnovamento e il rapporto tra l'umanità e il cosmo.

Il Qilin: Simbolo di Virtù e Armonia

Il Qilin è spesso considerato un simbolo di virtù, giustizia e benevolenza. La sua apparizione, come si narra nelle leggende, avviene solo in tempi di grande pace e sotto il regno di sovrani saggi e giusti. Questo legame tra il Qilin e la giustizia riflette la convinzione cinese che la moralità e l'ordine etico siano la base di una società prospera e armoniosa.

Il Qilin è anche un simbolo di equilibrio e armonia tra Cielo e Terra. La sua natura pacifica, che lo porta a non calpestare nemmeno l'erba o le creature viventi, rappresenta l'ideale taoista di vivere in armonia con la natura, senza arrecare danno. In questo contesto, il Qilin diventa una metafora della necessità di rispettare la natura e mantenere un equilibrio ecologico, un concetto profondamente radicato nella cultura cinese.

Il Qilin rappresenta anche la giustizia divina e la protezione dei giusti. Le sue apparizioni miracolose, spesso associate alla nascita di grandi saggi o alla presenza di sovrani illuminati, sottolineano l'idea che la virtù e la moralità attraggono il favore divino. Questa creatura leggendaria diventa quindi un emblema di speranza e una promessa che la giustizia prevale in un mondo ordinato dal Cielo.

La Fenice: Simbolo di Rinascita e Continuità

La Fenice, con il suo ciclo di morte e rinascita, è uno dei simboli più potenti di trasformazione e rinnovamento nella mitologia cinese. Il suo ciclo eterno riflette l'idea taoista e buddhista del continuo rinnovamento dell'universo, dove la morte non è vista come una fine definitiva, ma come una fase transitoria che porta a una nuova esistenza.

Questo ciclo di rinascita della Fenice è un simbolo di resilienza e perseveranza. Nella cultura cinese, la capacità di risollevarsi dalle avversità è altamente valorizzata, e la Fenice incarna questa qualità. Il suo ardere nelle fiamme per rinascere dalle proprie ceneri rappresenta l'idea che attraverso il sacrificio e la trasformazione, si può emergere più forti e più puri.

La Fenice è anche un simbolo di pace e prosperità. La sua presenza è considerata un segno di armonia cosmica, e come tale, è spesso associata ai periodi di prosperità sotto un governo saggio e giusto. Nella simbologia imperiale, la Fenice rappresenta l'Imperatrice, il principio yin, complementare al Drago (principio yang), che rappresenta l'Imperatore. Insieme, questi simboli incarnano l'equilibrio tra le forze cosmiche, la stabilità dell'impero e la continuità della dinastia.

Le Creature Mitologiche e l'Ordine Cosmico

Il Qilin e la Fenice, così come altre creature mitologiche della tradizione cinese, rappresentano non solo figure di fantasia, ma anche principi cosmici e morali. Nel sistema di credenze cinesi, il mondo naturale e il mondo umano sono strettamente interconnessi, e queste creature incarnano le leggi dell'universo e l'ordine che regola la vita. Ad esempio, il Qilin rappresenta la Terra e la sua stabilità, mentre la Fenice simboleggia il Fuoco e il rinnovamento.

Queste creature sono anche veicoli attraverso i quali si esprimono le speranze e i timori della società. Il loro comportamento e le loro apparizioni spesso riflettono le condizioni del mondo umano. Un Qilin che appare o una Fenice che vola nel cielo sono segni che la società è in pace, che i governanti sono giusti e che il popolo prospera. Al contrario, la loro assenza o sparizione potrebbe essere interpretata come un segno di disordine o crisi.

Il Potere Trasformativo della Mitologia

Infine, è importante considerare il potere trasformativo che queste creature hanno avuto nella cultura cinese. Attraverso miti e leggende, il Qilin, la Fenice e altre creature fantastiche hanno educato generazioni su concetti come la moralità, la giustizia e il rispetto per la natura. Questi miti hanno formato una parte centrale dell'identità culturale cinese, influenzando non solo la religione e la filosofia, ma anche l'arte, la letteratura e le pratiche quotidiane.

Queste creature continuano a essere simboli potenti nella cultura cinese contemporanea, utilizzati non solo per esprimere concetti tradizionali, ma anche per rappresentare nuove idee di speranza, rinnovamento e resilienza in un mondo in continua evoluzione.

Conclusione

Il Qilin e la Fenice sono molto più che semplici figure mitologiche; sono simboli profondi che riflettono i valori fondamentali della cultura cinese. Attraverso il loro simbolismo, queste creature comunicano messaggi di virtù, armonia, rinascita e ordine cosmico. Nella cultura cinese, continuano a essere venerati non solo per il loro fascino mitologico, ma anche per le lezioni morali e spirituali che incarnano, mantenendo viva una connessione tra l'antico e il moderno.

Contestualizzazione Storica

Le figure mitologiche del Qilin, della Fenice e di altre creature fantastiche non sono solo prodotti della fantasia popolare, ma riflettono una ricca tradizione culturale che ha attraversato secoli di storia cinese. Queste creature hanno svolto un ruolo cruciale nella formazione dell'identità culturale e spirituale della Cina, intersecandosi con lo sviluppo politico, religioso e artistico del paese. Analizzare il contesto storico in cui questi miti si sono sviluppati e sono stati venerati aiuta a comprendere la loro duratura rilevanza e il loro impatto sulla cultura cinese.

Il Qilin: Dall'Antichità all'Impero

Le prime menzioni del Qilin risalgono a testi antichi come i "Classici delle Montagne e dei Mari" (Shan Hai Jing), un compendio di mitologia e geografia risalente al periodo degli Stati Combattenti (475-221 a.C.). Durante questo periodo, il Qilin era già visto come un presagio di buon auspicio, legato alla nascita di saggi e alla presenza di sovrani giusti.

Con l'avvento della dinastia Han (206 a.C.-220 d.C.), il culto del Qilin si consolidò ulteriormente. Gli imperatori Han, desiderosi di legittimare il loro regno attraverso simboli di virtù e moralità, adottarono il Qilin come simbolo del loro governo illuminato. Le apparizioni del Qilin erano considerate eventi straordinari, spesso registrate negli annali ufficiali come segni della benevolenza del Cielo verso l'imperatore e il suo regno. Durante questo periodo, il Qilin iniziò a comparire anche nell'arte e nella scultura, decorando templi e tombe reali.

Durante le dinastie successive, il simbolismo del Qilin continuò a evolversi. Nella dinastia Ming (1368-1644), ad esempio, il Qilin fu associato alla giustizia e alla rettitudine, e la sua immagine divenne popolare nelle decorazioni ceramiche e nei tessuti imperiali. Il suo ruolo come protettore della virtù e della giustizia fu rafforzato da racconti popolari e leggende che lo descrivevano come un difensore del bene contro le forze del male.

La Fenice e la Sua Evoluzione nel Tempo

La Fenice, o Fenghuang, ha una storia altrettanto antica e significativa. Le prime raffigurazioni della Fenice si trovano già nelle incisioni su giada del Neolitico, ma è durante la dinastia Zhou (1046-256 a.C.) che la Fenice inizia a prendere forma come simbolo di buon governo e prosperità. La sua associazione con l'imperatrice e il concetto di yin è emersa durante la dinastia Han, quando la Fenice divenne il simbolo del potere femminile e dell'equilibrio cosmico.

Durante la dinastia Tang (618-907 d.C.), un periodo noto per la sua fioritura culturale e artistica, la Fenice divenne un simbolo centrale nell'arte e nella letteratura. La sua immagine adornava abiti, ceramiche e dipinti, simboleggiando non solo la bellezza e la grazia, ma anche la pace e la prosperità del regno. Questo periodo vide anche l'emergere di storie popolari in cui la Fenice era protagonista, rafforzando il suo status di creatura leggendaria e benevola.

Nel corso della dinastia Qing (1644-1912), la Fenice continuò a essere un simbolo imperiale, ma con un'enfasi particolare sulla continuità e la resilienza. Le dinastie cinesi, costantemente minacciate da ribellioni e invasioni, trovavano conforto nella Fenice, il cui ciclo di morte e rinascita rappresentava la speranza di rinnovamento e la continuità della dinastia stessa. Questa associazione con la rinascita divenne particolarmente potente durante i periodi di crisi, quando la Fenice veniva invocata come simbolo di resistenza e recupero.

Altre Creature Mitologiche e la Loro Significatività

Oltre al Qilin e alla Fenice, altre creature mitologiche hanno avuto un ruolo importante nella storia cinese, ognuna portatrice di simbolismi specifici che riflettevano le esigenze e le preoccupazioni del periodo. La tartaruga Bixi, ad esempio, simbolo di forza e longevità, fu ampiamente utilizzata nelle stele commemorative durante la dinastia Han, rappresentando la durabilità della memoria e del sapere.

Il Bai Ze, noto per la sua conoscenza esoterica degli spiriti, riflette l'interesse delle dinastie Han e Tang per il soprannaturale e la magia. Questo interesse si manifestò in un fiorente sviluppo della letteratura occulta e delle pratiche taoiste, in cui il Bai Ze e altre creature mitologiche occupavano un posto centrale. Le conoscenze attribuite al Bai Ze venivano considerate fondamentali per proteggere l'imperatore e il regno dalle influenze maligne.

La Persistenza del Simbolismo Mitologico nella Cina Contemporanea

Con la fine delle dinastie imperiali e l'avvento della Cina moderna, il ruolo delle creature mitologiche come simboli politici potrebbe sembrare diminuito, ma il loro impatto culturale è rimasto significativo. In molti modi, questi simboli sono stati riadattati per riflettere i valori della Cina contemporanea. Il Qilin, ad esempio, continua a essere un simbolo di giustizia e pace, spesso utilizzato in contesti educativi e civici per rappresentare l'ideale di una società armoniosa.

La Fenice, con il suo potente simbolismo di rinascita, è stata adottata in molti contesti come simbolo di resilienza e rinnovamento, particolarmente nelle regioni colpite da disastri naturali o durante periodi di ricostruzione nazionale. L'immagine della Fenice è anche utilizzata nel design e nella moda, rappresentando bellezza ed eleganza, ma sempre con una connotazione di forza interiore e trasformazione.

Conclusione

Il Qilin, la Fenice e altre creature mitologiche della Cina non sono semplicemente leggende, ma rappresentano pilastri del pensiero cinese, intrisi di significati che riflettono l'evoluzione storica, politica e culturale della nazione. Queste creature hanno servito come strumenti di legittimazione politica, come simboli di virtù e protezione e come rappresentazioni della resilienza e della speranza. Anche oggi, continuano a influenzare la cultura cinese, portando con sé le lezioni e i valori di millenni di storia.

Capitolo 9: Animali Antropomorfi e Spiriti della Natura: Tigri, Volpi e Altri Essere Magici

Narrazione del Mito

La mitologia cinese è ricca di storie che vedono protagonisti animali antropomorfi e spiriti della natura, creature magiche che abitano le foreste, le montagne e i fiumi della Cina antica. Tra questi, la tigre e la volpe occupano un posto di rilievo, incarnando forze potenti e misteriose, spesso ambivalenti, che possono influenzare la vita degli esseri umani in modi profondi e imprevedibili.

La Tigre: Sovrana delle Montagne e Simbolo di Forza

La tigre, nella mitologia cinese, è considerata il re degli animali terrestri, un simbolo di potenza, coraggio e autorità. Spesso rappresentata con strisce che formano il carattere cinese "王" (wang), che significa "re," la tigre è venerata come protettrice contro i demoni e gli spiriti maligni. Si dice che il suo ruggito possa allontanare le forze del male e proteggere le comunità dai pericoli.

Le leggende narrano che le tigri siano spiriti guardiani delle montagne, custodi dei luoghi sacri e protettori dei confini tra il mondo umano e quello degli spiriti. In alcuni racconti, le tigri sono associate a divinità locali o antenati trasformati, che continuano a vigilare sulle loro terre anche dopo la morte. La tigre bianca, in particolare, è considerata un simbolo di giustizia e integrità, un giudice implacabile che punisce i malvagi e protegge gli innocenti.

Una delle storie più famose riguardanti la tigre è quella del Bai Hu (白虎), la Tigre Bianca, che rappresenta uno dei Quattro Animali Celesti, guardiano dell'ovest e simbolo dell'autunno. Bai Hu è venerata nelle tradizioni taoiste come un potente spirito che incarna la forza della natura, capace di controllare i venti e le tempeste. Secondo la leggenda, solo i più coraggiosi e virtuosi possono avvicinarsi alla Tigre Bianca senza subire la sua ira, poiché essa rispetta solo coloro che dimostrano grande coraggio e un cuore puro.

La Volpe: Maestra dell'Inganno e del Fascino

Se la tigre rappresenta la forza e l'autorità, la volpe (狐狸, húli) incarna l'astuzia, l'inganno e la trasformazione. Le volpi nella mitologia cinese sono spiriti mutaforma, capaci di assumere l'aspetto umano, spesso per sedurre o ingannare le persone. Le leggende su volpi sono particolarmente comuni nelle storie di fantasmi e nelle novelle popolari, dove queste creature appaiono come figure ambigue, capaci di grandi atti di bontà o di terribili inganni.

Uno degli aspetti più affascinanti delle volpi è la loro capacità di trasformarsi in bellissime donne per ingannare gli uomini. In molte storie, una volpe si innamora di un uomo e vive con lui per anni, rivelando la sua vera natura solo alla fine. In alcuni racconti, la volpe è vista come un'amante devota, capace di sacrificare tutto per amore, mentre in altri è una figura maliziosa che porta sventura a chiunque incroci il suo cammino.

Una delle figure più emblematiche è la Huli Jing (狐狸精), una volpe che può vivere centinaia di anni, acquisendo con il tempo poteri magici sempre più grandi. Dopo cinquecento anni, una Huli Jing può trasformarsi in una Jiuwei Hu (九尾狐), una volpe a nove code, simbolo di saggezza e potere sovrannaturale. La volpe a nove code è sia temuta che rispettata, poiché il suo potere può essere utilizzato per il bene o per il male, a seconda della sua inclinazione.

Altri Spiriti della Natura

Oltre alla tigre e alla volpe, la mitologia cinese è popolata da una miriade di altri spiriti della natura, ognuno con le proprie caratteristiche e poteri unici. Questi spiriti sono spesso legati a particolari elementi naturali, come le montagne, i fiumi, gli alberi e le rocce, e incarnano le forze vitali che pervadono il mondo naturale.

Tra questi spiriti, i Linggui (灵龟), tartarughe spirituali, sono venerati come simboli di longevità e saggezza. Si dice che queste creature vivano per millenni, accumulando conoscenze profonde e segreti sull'universo. Le tartarughe spirituali sono spesso rappresentate come guardiani delle sacre sorgenti o custodi di antichi tesori nascosti nelle profondità delle montagne.

Un altro spirito naturale importante è lo Shan Shen (山神), il dio delle montagne, spesso raffigurato come un vecchio saggio che controlla il destino di coloro che osano avventurarsi nelle sue terre. Questo spirito è conosciuto per la sua ambivalenza, poiché può proteggere i viaggiatori meritevoli o punire severamente coloro che mancano di rispetto alla natura.

Conclusione

Gli animali antropomorfi e gli spiriti della natura della mitologia cinese riflettono un mondo in cui l'uomo e la natura sono strettamente connessi, e dove ogni elemento del mondo naturale possiede una propria anima e potere. Le storie di tigri, volpi e altre creature magiche non solo intrattengono, ma insegnano anche importanti lezioni morali e spirituali, esortando gli uomini a rispettare la natura e a riconoscere le forze invisibili che governano il mondo. Queste figure continuano a vivere nelle tradizioni, nella cultura popolare e nell'immaginario collettivo cinese, incarnando valori e misteri che attraversano i secoli.

Analisi Simbolica

Nella mitologia cinese, gli animali antropomorfi e gli spiriti della natura come la tigre, la volpe e altre creature magiche sono molto più che semplici figure mitiche. Essi incarnano simboli profondi che riflettono la complessa relazione tra l'uomo e il mondo naturale, nonché i valori morali e spirituali che guidano la vita e la cultura cinese.

La Tigre: Simbolo di Forza, Coraggio e Giustizia

La tigre, venerata come sovrana delle montagne e simbolo di forza, è spesso associata alla giustizia e al potere protettivo. Il suo ruolo di guardiana delle foreste e delle montagne riflette l'importanza della natura selvaggia nella cultura cinese, vista non solo come un luogo di pericoli, ma anche come un dominio sacro in cui regna un ordine naturale inviolabile.

La tigre è un potente simbolo di coraggio e determinazione. Nella cultura cinese, la sua figura è invocata in contesti in cui è necessario dimostrare forza e tenacia. Questo simbolismo si estende anche all'idea di giustizia: la tigre non solo protegge, ma punisce i malvagi, incarnando un ideale di giustizia implacabile e divina. Questo aspetto della tigre come giudice naturale esprime la convinzione che le forze della natura possano e debbano intervenire per ristabilire l'ordine morale.

In un contesto più spirituale, la tigre rappresenta anche la lotta interiore e la necessità di dominare le proprie paure. Il suo ruggito, che scaccia gli spiriti maligni, può essere interpretato come un'esortazione a confrontare e superare le proprie debolezze, a governare con fermezza e ad agire con rettitudine.

La Volpe: Ambiguità, Inganno e Trasformazione

La volpe, con la sua natura ingannevole e mutevole, rappresenta un simbolo di astuzia, ma anche di ambiguità morale. In molte culture, l'inganno è visto negativamente, ma nella mitologia cinese, la volpe incarna una complessità morale che riflette la dualità della natura umana. La volpe può essere un ingannatore, ma anche un insegnante, una creatura che sfida le norme sociali per rivelare verità nascoste.

La capacità della volpe di trasformarsi, soprattutto in una bella donna, simboleggia l'impermanenza e l'illusorietà del mondo materiale, un concetto centrale nel taoismo e nel buddhismo. Questa trasformazione non è solo un trucco superficiale, ma rappresenta un profondo cambiamento di essenza, un'illusione che può insegnare ai mortali a guardare oltre le apparenze e a cercare la verità interiore.

La volpe a nove code, la **Jiuwei Hu**, è un potente simbolo di saggezza accumulata e potere spirituale. Con il passare del tempo, la volpe diventa più potente e più saggia, simboleggiando la crescita spirituale che avviene attraverso le esperienze e le sfide. Tuttavia, questa potenza è ambivalente: può essere usata per il bene o per il male, a seconda della natura della volpe stessa, riflettendo la complessità della saggezza e del potere nella mitologia cinese.

Gli Spiriti della Natura: Simboli di Equilibrio e Connessione Cosmica

Gli spiriti della natura, come i **Linggui** (tartarughe spirituali) e lo **Shan Shen** (dio delle montagne), rappresentano l'anima vitale che permea ogni elemento del mondo naturale. Questi spiriti sono simboli dell'equilibrio ecologico e della connessione tra tutti gli esseri viventi. Nella mitologia cinese, ogni elemento della natura è visto come un riflesso del cosmo, e gli spiriti che abitano le montagne, i fiumi e le foreste sono custodi di questo equilibrio sacro.

Le tartarughe spirituali, in particolare, sono simboli di saggezza, longevità e stabilità. La loro presenza nelle leggende riflette l'importanza della pazienza e della resistenza nel cammino spirituale. Essi incarnano l'idea che la vera conoscenza e comprensione del mondo richiedano tempo e una profonda connessione con la natura.

Lo **Shan Shen**, il dio delle montagne, rappresenta la maestà e la potenza della terra stessa. Come guardiano delle montagne, egli incarna le forze naturali che sono sia benevole che terribili, richiedendo rispetto e umiltà da parte degli esseri umani. Questo spirito riflette la convinzione cinese che la natura debba essere venerata e che l'armonia con il mondo naturale sia essenziale per la prosperità e il benessere.

Conclusione

Gli animali antropomorfi e gli spiriti della natura nella mitologia cinese non sono solo figure leggendarie, ma portatori di profondi significati simbolici. Essi riflettono le complessità morali, le credenze spirituali e l'interazione tra uomo e natura nella cultura cinese. La tigre, la volpe e altri spiriti della natura offrono lezioni sulla forza, l'inganno, la saggezza e l'importanza di mantenere l'equilibrio con il mondo naturale. Questi simboli continuano a influenzare la visione del mondo e i valori della società cinese, incarnando un legame duraturo tra il mito e la realtà.

Contestualizzazione Storica

La presenza di animali antropomorfi e spiriti della natura nella mitologia cinese risale a tempi antichissimi, affondando le radici in tradizioni sciamaniche e in una concezione del mondo in cui ogni elemento naturale era dotato di un'anima o di uno spirito. Queste creature mitologiche hanno svolto un ruolo fondamentale non solo nelle credenze popolari, ma anche nello sviluppo delle religioni, della cultura e delle pratiche sociali in Cina.

Origini Sciamaniche e la Sacralità della Natura

Le prime tracce delle credenze sugli spiriti della natura e sugli animali antropomorfi si possono rintracciare nelle pratiche sciamaniche delle prime civiltà cinesi. Gli sciamani, figure religiose e spirituali delle comunità, erano considerati intermediari tra il mondo umano e il mondo degli spiriti. In questo contesto, animali come la tigre e la volpe erano visti non solo come creature fisiche, ma come incarnazioni di spiriti potenti che potevano influenzare il destino delle persone.

Durante la dinastia Shang (1600-1046 a.C.), il culto degli antenati e la venerazione delle forze naturali erano centrali nella vita religiosa cinese. Le ossa oracolari dell'epoca testimoniano sacrifici e rituali dedicati a spiriti animali, segno dell'importanza che queste creature rivestivano nelle credenze popolari. La tigre, in particolare, era venerata come un potente spirito protettore, il cui ruggito si credeva potesse scacciare gli spiriti maligni.

Evoluzione nelle Dinastie Zhou e Han

Con l'avvento della dinastia Zhou (1046-256 a.C.), le credenze sugli animali e gli spiriti della natura iniziarono a integrarsi maggiormente con le strutture religiose e filosofiche emergenti. Le idee confuciane sull'armonia tra Cielo, Terra e umanità influenzarono la percezione di questi spiriti naturali. La tigre, ad esempio, divenne un simbolo di giustizia e ordine, riflettendo l'ideale confuciano di un governo retto da leggi morali.

Durante la dinastia Han (206 a.C.-220 d.C.), il taoismo iniziò a consolidarsi come una delle principali correnti spirituali della Cina, enfatizzando l'importanza dell'armonia con la natura. In questo contesto, gli spiriti della natura come la volpe assunsero un ruolo ancora più significativo. Le volpi, capaci di trasformarsi e ingannare, furono associate al concetto taoista di "yin" (l'aspetto oscuro, passivo e femminile del cosmo), riflettendo la complessità e l'ambiguità della natura e dell'esistenza stessa.

La figura della volpe si arricchì di nuove sfumature nel corso della dinastia Han, con racconti che esploravano la sua capacità di cambiare forma e di interferire nel mondo umano. Questi racconti riflettono la tensione tra l'ordine stabilito e le forze caotiche della natura, una dinamica centrale nelle credenze cinesi dell'epoca.

Mitologia, Folklore e Influenza Culturale

Con il passare dei secoli, le storie di tigri, volpi e altri spiriti della natura si radicarono nel folklore cinese, influenzando profondamente l'arte, la letteratura e le pratiche religiose. Durante la dinastia Tang (618-907 d.C.), un periodo di grande fioritura culturale, le storie sui **Huli Jing** (volpi mutaforma) divennero particolarmente popolari, alimentando una ricca tradizione di racconti fantastici che esploravano temi di trasformazione, inganno e desiderio.

Questi racconti non erano solo intrattenimento; essi fungevano anche da allegorie morali e spirituali. Le volpi, con la loro ambiguità morale, erano spesso utilizzate per esplorare i confini tra il bene e il male, tra il sacro e il profano. In un contesto sociale in cui le norme morali erano rigidamente definite, la figura della volpe permetteva di riflettere sulle zone grigie della condotta umana.

La tigre, nel frattempo, continuava a essere venerata come un simbolo di protezione e giustizia. Durante la dinastia Ming (1368-1644), la tigre divenne un simbolo comune nelle decorazioni di templi e palazzi, rappresentando la forza e l'autorità necessarie per mantenere l'ordine in un impero vasto e complesso.

Persistenza e Trasformazione nel Mondo Contemporaneo

Nel periodo moderno, gli animali antropomorfi e gli spiriti della natura hanno mantenuto una presenza significativa nella cultura cinese, sebbene il loro ruolo si sia adattato ai cambiamenti sociali e culturali. Le leggende della tigre e della volpe continuano a essere raccontate, spesso con nuove interpretazioni che riflettono le preoccupazioni contemporanee, come la protezione dell'ambiente e l'equilibrio tra progresso e tradizione.

Le volpi, ad esempio, sono diventate simboli in molti prodotti culturali, dai romanzi e film alle opere di arte moderna, rappresentando non solo l'inganno, ma anche la capacità di adattarsi e trasformarsi in un mondo in continua evoluzione. La tigre, d'altra parte, è ancora vista come un simbolo di forza, ma anche di conservazione e protezione della natura, in un'epoca in cui le specie animali sono sempre più minacciate dall'attività umana.

Conclusione

La storia degli animali antropomorfi e degli spiriti della natura nella mitologia cinese è una testimonianza della profonda connessione tra l'uomo e la natura nella cultura cinese. Queste creature non solo riflettono i valori e le credenze della loro epoca, ma continuano a evolversi, rispondendo alle nuove sfide e cambiamenti che la Cina moderna affronta. La loro persistenza nel folklore, nell'arte e nella cultura popolare è un segno del loro potere duraturo come simboli di forza, saggezza e ambiguità morale. Attraverso le loro storie, la tigre, la volpe e altri spiriti della natura continuano a insegnare lezioni preziose sull'armonia, il rispetto per la natura e la complessità della vita umana.

Capitolo 10: Le Fiabe della Giustizia: Racconti di Virtù e Punizioni Divine

Narrazione del Mito

La giustizia è un tema centrale nelle fiabe e nei miti della tradizione cinese, dove la morale e l'etica sono strettamente intrecciate con la narrazione. Le storie raccontano di come la virtù venga premiata e il male punito, spesso attraverso interventi divini o soprannaturali. Questi racconti non solo intrattengono, ma offrono anche insegnamenti morali su come comportarsi in società, sottolineando l'importanza di agire con rettitudine e integrità.

Il Giudice Bao e la Bilancia della Giustizia

Una delle figure più emblematiche nelle fiabe della giustizia è il Giudice Bao (包公), un personaggio storico realmente esistito durante la dinastia Song (960-1279 d.C.), che è diventato protagonista di innumerevoli leggende e racconti popolari. Conosciuto per la sua integrità e il suo incrollabile senso della giustizia, Bao Zheng, o Bao Qingtian come è spesso chiamato, è diventato un simbolo di imparzialità e saggezza.

Secondo le leggende, Bao Qingtian era dotato di una bilancia magica che utilizzava per pesare le prove e determinare la verità. Questa bilancia, capace di svelare la colpevolezza o l'innocenza al di là delle apparenze, rappresentava l'incorruttibilità della giustizia. In una famosa storia, il Giudice Bao deve giudicare un caso di omicidio in cui tutti i testimoni sembrano essere corrotti o terrorizzati. Grazie alla sua bilancia e alla sua astuzia, Bao smaschera il colpevole, dimostrando che la verità non può essere nascosta a chi è veramente giusto.

In un'altra leggenda, il Giudice Bao si trova a confrontarsi con uno spirito che accusa un nobile di aver commesso un grave crimine.

Bao Qingtian non si lascia intimidire dalle minacce del nobile, e con l'aiuto dello spirito, riesce a fare giustizia, mandando un messaggio forte: anche i potenti devono rispondere delle loro azioni. Questo racconto sottolinea il principio che la giustizia deve essere cieca, non influenzata da rango o ricchezza.

La Dea Guanyin e il Figlio Devoto

Un'altra storia di giustizia divina coinvolge la Dea Guanyin, la bodhisattva della compassione, che è venerata non solo per la sua misericordia, ma anche per il suo ruolo di protettrice della giustizia. In una delle sue incarnazioni più popolari, Guanyin interviene per aiutare un giovane devoto la cui madre è stata ingiustamente accusata di un crimine e condannata a morte.

Il giovane, disperato e senza speranze, prega Guanyin per un miracolo. La dea, commossa dalla sua pietà filiale, appare in sogno a un giudice locale e lo avverte dell'errore commesso. Il giudice riapre il caso e, attraverso una serie di eventi miracolosi orchestrati dalla dea, scopre la verità, liberando la madre e punendo i veri colpevoli. Questa storia enfatizza l'importanza della pietà filiale, un valore cardine nella cultura cinese, e dimostra come la giustizia divina possa intervenire per correggere le ingiustizie umane.

Il Pescatore e il Drago del Fiume

Un'altra fiaba che illustra la giustizia e la retribuzione divina è quella del pescatore e del drago del fiume. In questa storia, un pescatore povero scopre un drago ferito sulle rive di un fiume e, mosso da compassione, lo cura nonostante i pericoli. Il drago, che si rivela essere lo spirito guardiano del fiume, promette di ricompensare il pescatore per la sua bontà.

Poco tempo dopo, il pescatore viene accusato ingiustamente di un crimine e rischia di essere giustiziato. Proprio mentre sta per essere condannato, il drago appare in forma umana, portando prove della sua innocenza e smascherando i veri colpevoli. Il pescatore viene liberato e il drago gli conferisce ricchezze e prosperità come ricompensa per la sua virtù. Questa storia insegna che la bontà e la giustizia, anche quando non riconosciute immediatamente dagli uomini, sono sempre ricompensate dalle forze divine.

Conclusione

Le fiabe cinesi della giustizia sono piene di interventi soprannaturali e divini che ristabiliscono l'ordine morale. Attraverso figure come il Giudice Bao, la Dea Guanyin e il Drago del Fiume, queste storie insegnano che la virtù, la pietà e la giustizia sono valori supremi che non possono essere compromessi. Esse riflettono l'importanza della giustizia nella società cinese e la convinzione che, alla fine, il bene prevale sempre, anche se a volte con l'aiuto del divino. Questi racconti continuano a essere tramandati attraverso generazioni, perpetuando lezioni morali fondamentali e offrendo conforto nella fede che la giustizia, in una forma o nell'altra, viene sempre servita.

Analisi Simbolica

Le fiabe della giustizia nella tradizione cinese sono cariche di simbolismi profondi che riflettono i valori morali e sociali radicati nella cultura cinese. Attraverso figure come il Giudice Bao, la Dea Guanyin e altre entità soprannaturali, queste storie non solo intrattengono, ma servono anche come strumenti educativi per trasmettere ideali di virtù, integrità e giustizia. L'analisi simbolica di queste fiabe rivela la complessità con cui la giustizia viene concepita e rappresentata nella mitologia cinese.

Il Giudice Bao: Incarnazione della Giustizia Inalterabile

Il Giudice Bao, o Bao Qingtian, rappresenta il simbolo ideale della giustizia retta e inalterabile. Nella cultura cinese, egli non è solo un magistrato, ma un archetipo della giustizia divina sulla Terra, un intermediario tra il Cielo e l'umanità. La sua figura è spesso associata alla bilancia, un simbolo universale di equità e imparzialità, ma nel contesto cinese, questa bilancia assume un significato ancora più profondo: essa pesa non solo le prove materiali, ma anche il cuore e le intenzioni delle persone.

Il fatto che Bao sia spesso raffigurato con la pelle scura e un'espressione severa sottolinea la sua natura inflessibile e il suo rifiuto di essere corrotto o influenzato dai potenti. Questo simbolismo evidenzia l'ideale confuciano di un governo retto da uomini virtuosi, che agiscono non per il proprio interesse ma per il bene comune. Inoltre, le storie in cui Bao Qingtian smaschera i malvagi rappresentano la convinzione che la giustizia, se perseguita con sincerità, trionferà sempre, anche di fronte a ostacoli apparentemente insormontabili.

La Dea Guanyin: Compassione e Giustizia Divina

La Dea Guanyin è venerata in tutta l'Asia come incarnazione della misericordia e della compassione, ma nelle fiabe cinesi della giustizia, ella rappresenta anche l'idea di giustizia divina che interviene a favore degli innocenti e dei giusti. Guanyin non è solo una dea distante e trascendente, ma una figura che risponde alle preghiere sincere e interviene direttamente nel mondo umano per correggere le ingiustizie.

La sua capacità di ascoltare le sofferenze degli esseri umani e di agire per alleviarle sottolinea il concetto buddista di "karuna" (compassione), un valore centrale che guida le sue azioni. Tuttavia, Guanyin non dispensa semplicemente misericordia; ella bilancia la compassione con la giustizia, assicurandosi che coloro che hanno commesso il male siano puniti e che le vittime innocenti trovino sollievo.

In queste fiabe, Guanyin incarna la speranza che, indipendentemente dalle avversità, esiste una forza benevola che veglia sugli esseri umani e che, alla fine, ristabilirà l'ordine morale. Questo rafforza l'idea che il mondo non è solo governato dalle leggi degli uomini, ma anche da un ordine superiore, divino e giusto.

Il Drago del Fiume: Natura e Giustizia Retributiva

Il drago, nella mitologia cinese, è una creatura complessa e ambivalente, che rappresenta sia il potere della natura sia la saggezza antica. Nelle fiabe della giustizia, come quella del pescatore e del drago del fiume, il drago assume il ruolo di una forza naturale che può ricompensare o punire a seconda delle azioni degli esseri umani. Questo drago non è semplicemente una bestia, ma un simbolo delle forze naturali e spirituali che regolano il mondo.

Il drago del fiume, che ricompensa il pescatore per la sua bontà e punisce i malvagi, incarna il principio della giustizia retributiva, secondo cui ogni azione ha una conseguenza. Questo principio è profondamente radicato nella filosofia cinese, dove il concetto di "Bao" (報) o "retribuzione" gioca un ruolo cruciale. Nella storia, il drago rappresenta l'idea che le forze naturali e spirituali non sono indifferenti alle azioni umane, ma rispondono in modo equo, bilanciando il bene e il male.

Il simbolismo del drago che emerge dal fiume per portare giustizia è anche un riflesso dell'importanza dell'acqua come elemento purificatore e rigenerativo nella cultura cinese. L'acqua, associata al drago, è vista come portatrice di vita ma anche di potere distruttivo, capace di purificare le impurità morali attraverso la punizione dei malvagi.

Il Simbolismo Universale della Giustizia nelle Fiabe Cinesi

In tutte queste fiabe, la giustizia non è presentata solo come un principio legale, ma come una forza morale universale che permea ogni aspetto della vita. La bilancia del Giudice Bao, la compassione di Guanyin e la retribuzione del drago del fiume sono tutte espressioni di un ordine cosmico in cui il bene e il male sono inevitabilmente bilanciati. Questi simboli servono a ricordare che, nonostante le ingiustizie che possono verificarsi nel mondo umano, esiste una giustizia più alta che governa l'universo.

Questa concezione della giustizia come principio divino e naturale è profondamente influenzata dalle filosofie confuciane, taoiste e buddiste, che hanno modellato la visione del mondo cinese. Le fiabe cinesi della giustizia insegnano che la virtù e l'integrità sono sempre ricompensate, mentre il male, anche se può sembrare vittorioso temporaneamente, sarà inevitabilmente punito. Questo simbolismo continua a influenzare la cultura cinese contemporanea, offrendo un modello di comportamento e un conforto morale che trascende il tempo.

Conclusione

L'analisi simbolica delle fiabe della giustizia nella tradizione cinese rivela una ricca tessitura di significati che vanno oltre la semplice narrazione. Attraverso figure emblematiche come il Giudice Bao, la Dea Guanyin e il Drago del Fiume, queste storie esprimono valori profondi e universali, offrendo insegnamenti morali che hanno continuato a ispirare generazioni di cinesi. Le loro storie sono non solo racconti di intrattenimento, ma anche potenti allegorie che riflettono e perpetuano l'importanza della giustizia, della virtù e della retribuzione divina nella cultura cinese.

Contestualizzazione Storica

Le fiabe della giustizia nella tradizione cinese non sono nate nel vuoto, ma sono il prodotto di secoli di evoluzione culturale, influenzate dalle dinamiche storiche, sociali e religiose della Cina. Per comprendere appieno il significato di queste storie, è essenziale collocarle nel contesto storico in cui sono emerse e si sono sviluppate.

Le Radici Confuciane della Giustizia

Molte delle fiabe che trattano temi di giustizia e virtù sono profondamente influenzate dalla filosofia confuciana, che ha dominato il pensiero cinese per oltre duemila anni. Confucio (551-479 a.C.) enfatizzava l'importanza dell'ordine sociale, del rispetto per l'autorità e della moralità come fondamento di una società stabile e prospera. Secondo Confucio, un governo giusto e benevolo era essenziale per mantenere l'armonia, e i governanti dovevano essere modelli di virtù.

Le storie come quelle del Giudice Bao riflettono questi ideali confuciani. Bao Qingtian, infatti, è rappresentato come il giudice ideale, un uomo di integrità che incarna i valori confuciani di rettitudine (正义) e imparzialità. La sua figura storica fu tanto venerata che, dopo la sua morte, Bao divenne una sorta di santo laico, simbolo dell'incorruttibilità e del rigore morale, caratteristiche che Confucio stesso avrebbe approvato. Queste storie servivano non solo a intrattenere, ma anche a educare il popolo sui principi fondamentali del vivere bene, esortando i cittadini e i governanti a seguire l'esempio di Bao.

L'Influenza del Taoismo e del Buddhismo

Accanto al confucianesimo, anche il taoismo e il buddhismo hanno avuto un'influenza significativa sulle fiabe della giustizia. Il taoismo, con la sua enfasi sull'equilibrio naturale e sull'armonia tra l'uomo e il cosmo, si riflette nelle storie in cui la giustizia viene servita attraverso le forze naturali o gli spiriti. Il drago del fiume, ad esempio, è un perfetto esempio di come il taoismo concepisce la giustizia come una forza intrinseca nella natura stessa, che interviene per ristabilire l'ordine quando questo viene infranto.

Il buddhismo, arrivato in Cina nel I secolo d.C., portò con sé l'idea di karma, la legge di causa ed effetto che regola l'universo. Questo concetto influenzò profondamente le narrazioni cinesi, in particolare quelle legate alla giustizia divina. La Dea Guanyin, ad esempio, rappresenta una fusione tra le tradizioni taoiste e buddhiste, incarnando la compassione e la giustizia divina. Le storie in cui Guanyin interviene per correggere le ingiustizie riflettono la credenza buddhista che le buone azioni saranno sempre ricompensate e che il male sarà inevitabilmente punito, se non in questa vita, in quelle future.

Il Ruolo del Folklore nelle Dinastie Ming e Qing

Durante le dinastie Ming (1368-1644) e Qing (1644-1912), le fiabe della giustizia furono ampiamente diffuse attraverso la letteratura popolare, il teatro e l'arte. In particolare, la dinastia Ming vide una fioritura di storie morali che utilizzavano figure come il Giudice Bao per commentare le questioni sociali e politiche del tempo. Le storie venivano spesso raccontate durante i festival e le cerimonie pubbliche, utilizzate come strumenti per insegnare ai cittadini i valori della lealtà, della pietà filiale e della giustizia.

Le fiabe di questo periodo riflettevano anche le preoccupazioni sociali della Cina premoderna, dove la corruzione e l'ingiustizia erano piaghe comuni. In questo contesto, i racconti del Giudice Bao e di altri eroi della giustizia servivano da critiche velate contro l'incompetenza e la corruzione dei funzionari governativi, offrendo al popolo un modello ideale di giustizia da aspirare.

Durante la dinastia Qing, la diffusione delle stampe popolari rese queste storie ancora più accessibili, contribuendo a cementare figure come Bao Qingtian e Guanyin nella coscienza collettiva cinese. Anche le opere teatrali, come il "dramma giudiziario" (公案剧), divennero strumenti importanti per esplorare e divulgare temi di giustizia, virtù e moralità.

Eredità e Rilevanza Contemporanea

Oggi, le fiabe della giustizia continuano a essere parte integrante della cultura cinese, non solo come storie per bambini, ma come narrazioni che informano l'etica e la moralità pubblica. La figura del Giudice Bao, ad esempio, rimane popolare nelle produzioni televisive e cinematografiche, dove viene spesso rappresentato come un simbolo di giustizia che trascende il tempo e lo spazio.

Queste storie offrono anche una lente attraverso cui comprendere le sfide moderne della Cina, dove il tema della giustizia continua a essere di grande importanza. In un mondo in cui le questioni di giustizia sociale, corruzione e moralità sono ancora al centro del dibattito pubblico, le fiabe della giustizia fungono da promemoria potente dei valori fondamentali che dovrebbero guidare la società.

Conclusione

Le fiabe della giustizia nella tradizione cinese non solo riflettono i valori storici e culturali del passato, ma continuano a influenzare il presente. Attraverso la lente del confucianesimo, del taoismo e del buddhismo, queste storie hanno modellato e continuano a modellare l'idea di giustizia nella società cinese. Comprendere il contesto storico di queste fiabe permette di apprezzare la loro profondità e la loro duratura rilevanza, offrendo una prospettiva preziosa su come i concetti di virtù, integrità e giustizia siano stati percepiti e perpetuati nel corso dei secoli.

Capitolo 11: Avventure e Insegnamenti: Fiabe di Draghi e Tigri

Narrazione del Mito

Nel vasto panorama della mitologia cinese, draghi e tigri occupano un posto di rilievo, non solo come simboli di potere e maestosità, ma anche come protagonisti di numerose fiabe che intrecciano avventura e insegnamenti morali. Queste creature, spesso rappresentate come antiche e sagge, sono al centro di racconti che non solo affascinano per le loro vicende straordinarie, ma trasmettono anche importanti lezioni di vita.

Il Drago del Mare e il Pescatore Coraggioso

Uno dei racconti più celebri riguarda un antico villaggio di pescatori situato sulla costa orientale della Cina, dove la vita della comunità era strettamente legata al mare. Secondo la leggenda, un tempo il mare era governato da un potente drago, noto come **Long Wang** (龙王), il Re Drago, che controllava le acque e i venti. Questo drago era generalmente benevolo, ma come tutti i draghi, poteva essere suscettibile agli sbalzi d'umore, e quando si adirava, scatenava terribili tempeste che devastavano le coste.

In uno di questi momenti di furia, il drago del mare si era risentito per il comportamento avaro di alcuni pescatori che avevano depredato le risorse marine senza offrire i dovuti sacrifici agli spiriti del mare. Le onde tempestose si abbatterono sul villaggio, distruggendo barche e case. Gli abitanti, disperati, non sapevano come placare l'ira del drago.

Fu allora che un giovane pescatore, noto per il suo coraggio e la sua generosità, decise di recarsi al tempio del Drago del Mare per offrire le sue scuse e chiedere la fine della tempesta. Il giovane pescatore portò con sé un'offerta modesta ma sincera: il pesce più grande che aveva mai catturato e un'umile preghiera di pace. Il Re Drago, toccato dalla sincerità e dal coraggio del giovane, accettò l'offerta e calmò le acque, ripristinando la tranquillità nel villaggio. In segno di gratitudine, il drago promise di proteggere il villaggio e di garantire pesca abbondante a chiunque avesse rispettato la natura e i suoi spiriti.

La Tigre delle Montagne e l'Anziano Saggio

Un'altra leggenda molto popolare è quella della **Tigre delle Montagne**, una creatura maestosa e temuta, considerata il sovrano indiscusso delle foreste montane della Cina centrale. Questa tigre era nota non solo per la sua forza, ma anche per la sua intelligenza e astuzia. Tuttavia, nonostante la sua reputazione di cacciatore implacabile, si diceva che la tigre rispettasse un codice di onore: non avrebbe mai ucciso per puro piacere e avrebbe risparmiato coloro che si dimostravano coraggiosi o saggi.

Un giorno, un anziano saggio, conosciuto per la sua profonda conoscenza della natura e delle erbe medicinali, si avventurò in profondità nella foresta alla ricerca di piante rare. Durante il suo viaggio, si imbatté nella tigre, che lo osservava attentamente tra gli alberi. Invece di fuggire, l'anziano si sedette pacificamente su una roccia, parlando alla tigre con calma e rispetto.

La leggenda narra che la tigre, riconoscendo la saggezza e la serenità dell'uomo, decise di non attaccarlo. Al contrario, lo accompagnò nel suo viaggio, proteggendolo dai pericoli della foresta. L'anziano, in segno di gratitudine, insegnò alla tigre i segreti delle erbe medicinali, aiutandola a curare le sue ferite e a vivere in armonia con la foresta. Da quel giorno, si dice che la tigre delle montagne sia diventata il guardiano silenzioso della foresta, rispettata e venerata da tutti coloro che attraversavano il suo territorio.

Il Drago Celeste e la Tigre del Fuoco: Un Duello di Destino

Una delle storie più epiche del folklore cinese è quella del duello tra il **Drago Celeste** e la **Tigre del Fuoco**. Questi due esseri sovrannaturali erano simboli di poteri opposti ma complementari: il drago rappresentava l'acqua e il cielo, mentre la tigre incarnava il fuoco e la terra. Secondo la leggenda, questi due spiriti si scontravano ogni cento anni per ristabilire l'equilibrio tra le forze della natura.

La battaglia avveniva sulla cima di una montagna sacra, un luogo dove cielo e terra si incontravano. Durante questi scontri, il cielo si riempiva di fulmini e tuoni, e la terra tremava sotto il peso delle loro poderose forze. Nonostante la loro rivalità, si diceva che il drago e la tigre avessero un profondo rispetto reciproco, riconoscendo che il loro conflitto era necessario per mantenere l'ordine naturale.

Alla fine di ogni duello, nessuno dei due prevaleva definitivamente sull'altro, ma entrambi si ritiravano nei loro rispettivi regni, sapendo che il loro scontro aveva ristabilito l'armonia nel mondo. Questa storia simboleggia l'importanza dell'equilibrio tra forze opposte e la necessità di rispettare i cicli naturali.

Conclusione

Le fiabe di draghi e tigri nella tradizione cinese sono ricche di avventura, ma portano con sé anche insegnamenti profondi sull'equilibrio, la saggezza e il rispetto per la natura. Queste storie non solo affascinano con i loro racconti di creature leggendarie, ma offrono anche riflessioni su valori morali e spirituali che hanno guidato la cultura cinese per secoli. Attraverso i loro protagonisti soprannaturali, queste fiabe continuano a ispirare e a trasmettere lezioni di vita, ricordando l'importanza di vivere in armonia con il mondo che ci circonda.

Analisi Simbolica

Le fiabe di draghi e tigri nella tradizione cinese sono profondamente simboliche e riflettono l'interconnessione tra gli esseri umani e le forze naturali. Questi racconti non solo offrono avventure affascinanti, ma trasmettono anche messaggi importanti riguardo all'equilibrio, al rispetto per la natura e ai valori morali. Analizzando i simboli che emergono da queste storie, possiamo comprendere meglio i significati profondi che esse veicolano.

Il Drago: Simbolo di Potere, Saggezza e Protezione

Il drago, o **Long** (龙) in cinese, è una delle creature più emblematiche nella mitologia cinese. Contrariamente alla visione occidentale del drago come una creatura malvagia e distruttiva, in Cina il drago è considerato una figura benevola, simbolo di potere, saggezza e protezione. Nei racconti come quello del Drago del Mare e il Pescatore Coraggioso, il drago rappresenta le forze della natura che, se rispettate, possono essere alleate degli esseri umani.

Il drago del mare, che punisce i pescatori per la loro avarizia e poi premia il giovane pescatore per la sua sincerità e coraggio, è un simbolo del potere sovrannaturale che regola l'armonia tra l'uomo e l'ambiente. Questo drago non agisce per capriccio, ma secondo un codice morale che riflette l'importanza del rispetto reciproco tra gli esseri umani e le forze naturali. La leggenda suggerisce che la natura risponde in modo equo alle azioni umane: chi vive in armonia con essa viene protetto, mentre chi la sfrutta indiscriminatamente ne subisce le conseguenze.

Il drago rappresenta anche la saggezza, un aspetto evidente nella storia del Drago Celeste. La sua battaglia con la Tigre del Fuoco non è solo un conflitto fisico, ma una metafora della necessità di bilanciare forze opposte. Questo equilibrio è fondamentale nella filosofia cinese, in cui il concetto di **Yin e Yang** (阴阳) descrive come forze apparentemente opposte siano in realtà interdipendenti e necessarie per l'armonia universale.

La Tigre: Emblema di Coraggio, Forza e Onore

La tigre, o **Hu** (虎), è un altro potente simbolo nella cultura cinese, spesso associato a qualità come il coraggio, la forza e l'onore. Nella storia della Tigre delle Montagne, la tigre è rappresentata non solo come un predatore temibile, ma anche come una creatura dotata di una sorta di codice etico. La tigre rispetta l'anziano saggio perché riconosce in lui una forza diversa, quella della saggezza e della serenità.

Questo racconto riflette la credenza che anche le forze più potenti e pericolose della natura possano essere guidate dall'onore e dal rispetto per la saggezza. La tigre, che nella cultura cinese è spesso vista come un protettore contro il male, incarna la forza che, se canalizzata con giustizia e rispetto, può diventare una forza positiva e protettiva. In molte tradizioni, la tigre è associata anche a divinità locali e a spiriti guardiani, sottolineando la sua dualità di creatura che può distruggere, ma anche proteggere e mantenere l'ordine.

Il Duello tra Drago e Tigre: La Dialettica dell'Equilibrio

Il duello tra il Drago Celeste e la Tigre del Fuoco è un'allegoria potente che va oltre la semplice narrazione di uno scontro epico. Questo racconto rappresenta la dialettica dell'equilibrio tra forze opposte, un concetto centrale nel pensiero cinese. Il drago, simbolo dell'acqua e del cielo, e la tigre, simbolo del fuoco e della terra, incarnano i principi di Yin e Yang, che devono coesistere e interagire per mantenere l'armonia nell'universo.

Il fatto che nessuna delle due creature prevalga definitivamente sull'altra simboleggia l'idea che l'equilibrio è una condizione dinamica, non uno stato di permanenza. Ogni scontro rappresenta un ciclo naturale di distruzione e creazione, che è essenziale per il rinnovamento del mondo. Questo concetto è radicato nel taoismo, che vede l'universo come un flusso continuo di energia dove le forze opposte si alternano e si completano a vicenda.

Il drago e la tigre, dunque, non sono solo avversari, ma anche partner in un ciclo eterno di equilibrio e rinnovamento. Questo simbolismo riflette la visione del mondo in cui l'ordine e il caos, la creazione e la distruzione, devono coesistere per mantenere l'armonia universale.

Conclusione

Le fiabe di draghi e tigri sono ricche di simboli che trasmettono messaggi profondi sulla natura, la moralità e l'equilibrio cosmico. Il drago, con la sua saggezza e potere, rappresenta la forza benevola della natura che può proteggere o punire in base alle azioni umane. La tigre, simbolo di coraggio e onore, incarna la forza che deve essere guidata dalla saggezza per servire il bene comune. Insieme, questi simboli riflettono la complessa interazione tra le forze opposte del mondo, insegnando che l'armonia si ottiene non attraverso la vittoria di una forza sull'altra, ma attraverso il riconoscimento e il rispetto della loro complementarità. Queste storie continuano a offrire insegnamenti preziosi, invitando alla riflessione su come vivere in armonia con le forze che governano il mondo.

Contestualizzazione Storica

Le fiabe di draghi e tigri nella tradizione cinese non solo sono racconti affascinanti, ma riflettono anche il contesto storico e culturale in cui sono emerse. Queste storie hanno radici profonde nella storia della Cina e sono state influenzate dalle credenze religiose, dalle condizioni sociali e dai valori filosofici che hanno caratterizzato diverse epoche della civiltà cinese.

Origini Mitiche e Prime Dinastie

Il simbolismo del drago e della tigre risale alle antiche civiltà cinesi, molto prima dell'avvento delle grandi dinastie storiche. I draghi, spesso associati all'acqua e al controllo delle piogge, erano venerati fin dai tempi della cultura neolitica di Yangshao (circa 5000-3000 a.C.). Questi antichi draghi non erano solo creature mitiche, ma incarnavano il potere della natura e la necessità di rispettare le forze che regolano l'ambiente. Le prime rappresentazioni del drago sono state trovate in ceramiche e sculture, suggerendo che questa creatura fosse già un simbolo centrale della cosmologia cinese.

Durante la dinastia Shang (circa 1600-1046 a.C.), i draghi erano considerati intermediari tra il cielo e la terra, capaci di influenzare il clima e la fertilità del suolo. Le storie di draghi che proteggono o puniscono, come quella del Drago del Mare, riflettono la visione dei primi cinesi di una natura che, se non rispettata, poteva portare devastazione. Questo concetto era essenziale in una società agricola che dipendeva strettamente dalle condizioni climatiche per la sopravvivenza.

La Tigre e il Confucianesimo

La tigre, dal canto suo, è sempre stata simbolo di forza e protezione, ma ha assunto un ruolo particolare durante la dinastia Zhou (circa 1046-256 a.C.), quando la filosofia confuciana iniziò a plasmare la società cinese. Confucio enfatizzava l'importanza della giustizia, dell'ordine sociale e del rispetto per l'autorità, e la tigre veniva spesso vista come una figura che incarnava questi valori. Nella cultura popolare, la tigre era considerata un guardiano contro il male e un simbolo di coraggio e onore.

Le leggende come quella della Tigre delle Montagne, che rispetta l'anziano saggio, rispecchiano i valori confuciani di rispetto per gli anziani e di equilibrio tra forza e saggezza. Queste storie servivano a educare la popolazione sull'importanza di seguire un codice morale e di agire con integrità, anche quando si possiede un grande potere.

Simbologia Dinastica e Imperialismo

Con l'avvento delle dinastie Qin (221-206 a.C.) e Han (206 a.C.-220 d.C.), il drago e la tigre assunsero ulteriori significati simbolici, legati all'autorità imperiale. Il drago divenne l'emblema dell'imperatore, il figlio del cielo, il cui mandato era di governare con saggezza e giustizia. L'imperatore era visto come il drago che portava l'ordine celeste sulla terra, e ogni sua decisione doveva rispecchiare l'armonia cosmica.

La tigre, in questo contesto, era spesso associata ai generali e ai guerrieri che proteggevano l'impero. La forza della tigre simboleggiava la potenza militare necessaria per mantenere l'ordine e difendere il regno. La dualità di drago e tigre rappresentava quindi il delicato equilibrio tra potere civile e militare, tra saggezza e forza bruta.

Influenza Religiosa e Taoismo

Durante la dinastia Tang (618-907 d.C.), una delle epoche d'oro della cultura cinese, il taoismo ebbe un'influenza significativa sulle storie di draghi e tigri. Il taoismo, con il suo focus sull'armonia tra Yin e Yang, trovava nei draghi e nelle tigri simboli perfetti delle forze opposte ma complementari che regolano l'universo. Il drago rappresentava l'acqua, la fluidità, l'energia Yang, mentre la tigre incarnava il fuoco, la fermezza, l'energia Yin. Il duello tra il Drago Celeste e la Tigre del Fuoco è una chiara allegoria di questo equilibrio taoista.

Questa epoca vide anche una crescente produzione letteraria e artistica che celebrava questi temi, rendendo le storie di draghi e tigri parte integrante della cultura popolare. Le cerimonie religiose, i festival e le opere d'arte spesso presentavano queste creature come simboli di equilibrio e armonia, riflettendo la visione taoista del mondo.

Le Fiabe nella Cina Contemporanea

Nel corso dei secoli, le fiabe di draghi e tigri hanno continuato a evolversi, adattandosi ai cambiamenti sociali e culturali. Anche oggi, queste storie mantengono una forte rilevanza nella cultura cinese contemporanea. Il drago e la tigre sono ancora presenti nelle celebrazioni, nei racconti per bambini, nei film e nella letteratura, simboleggiando valori che sono rimasti costanti nel tempo: l'importanza dell'equilibrio, del rispetto per la natura, della forza guidata dalla saggezza.

In un mondo moderno dove le sfide ambientali sono sempre più pressanti, le storie del Drago del Mare e della Tigre delle Montagne assumono nuovi significati, diventando metafore della necessità di vivere in armonia con la natura e di rispettare le forze che governano il nostro pianeta.

Conclusione

Le fiabe di draghi e tigri non sono solo narrazioni mitologiche, ma riflettono profondamente il contesto storico, filosofico e culturale della Cina. Attraverso i secoli, queste storie hanno incarnato i valori e le credenze della società cinese, diventando simboli potenti di equilibrio, saggezza, forza e giustizia. Contestualizzare queste fiabe ci permette di comprendere non solo il loro significato originario, ma anche la loro continua rilevanza nel mondo contemporaneo, dove i temi di armonia e rispetto per la natura sono più attuali che mai.

Capitolo 12: Storie di Amore e Sacrificio: La Leggenda del Ponte di Magpie e Altre Fiabe

Narrazione del Mito

Uno dei miti più amati e conosciuti in Cina è la leggenda del Ponte di Magpie, una storia che intreccia amore, sacrificio e la potenza delle forze celesti. Questa leggenda è parte integrante del patrimonio culturale cinese e viene celebrata ogni anno durante il **Festival Qixi** (七夕节), spesso chiamato il San Valentino cinese.

La storia narra l'amore proibito tra **Zhinü** (织女), la Fanciulla Tessitrice, una dea celeste, e **Niulang** (牛郎), un giovane mandriano mortale. Zhinü, figlia della Dea del Cielo, era nota per la sua abilità nel tessere nuvole e arcobaleni nel cielo. Un giorno, stanca della monotonia della vita celeste, scese sulla Terra dove incontrò e si innamorò di Niulang, un semplice mandriano che viveva con il suo bue. Il loro amore era puro e genuino, e presto si sposarono e ebbero due figli.

Tuttavia, la loro felicità non durò a lungo. Quando la Dea del Cielo scoprì che sua figlia si era sposata con un mortale, fu colta da una furia terribile. Decise di separare i due amanti, riportando Zhinü in cielo e creando la **Via Lattea** (天河), una vasta distesa di stelle, come barriera tra loro. Niulang, disperato, tentò di seguire la sua amata con l'aiuto del suo bue magico, che gli permise di volare verso il cielo. Tuttavia, la Dea del Cielo pose un confine invalicabile tra i due, condannandoli a vivere per sempre separati ai lati opposti della Via Lattea.

Commosse dalla devozione e dal dolore dei due amanti, le gazze del cielo si radunarono ogni anno il settimo giorno del settimo mese lunare per formare un ponte, noto come il **Ponte di Magpie**

(鹊桥), permettendo a Zhinü e Niulang di incontrarsi una volta all'anno. Questo incontro annuale è il momento culminante della leggenda, celebrato con il Festival Qixi, quando si crede che i due amanti finalmente si riuniscano, anche se solo per una notte.

La leggenda del Ponte di Magpie non è solo una storia d'amore, ma anche una rappresentazione del sacrificio, della speranza e della forza dell'amore che trascende le barriere tra il cielo e la terra. Questo racconto ha ispirato generazioni di poeti, scrittori e artisti, diventando un simbolo duraturo dell'amore eterno nella cultura cinese.

Altri Racconti di Amore e Sacrificio

Oltre alla leggenda del Ponte di Magpie, la mitologia cinese è ricca di altre storie che esplorano temi di amore e sacrificio. Una di queste è la storia di **Liang Shanbo e Zhu Yingtai** (梁山伯与祝英台), spesso chiamata la "versione cinese di Romeo e Giulietta". Zhu Yingtai, una giovane donna, si traveste da uomo per poter studiare e si innamora del suo compagno di studi, Liang Shanbo. Tuttavia, il loro amore è destinato a finire in tragedia quando Zhu Yingtai viene promessa in matrimonio a un altro uomo. Alla morte di Liang Shanbo, Zhu Yingtai si getta sulla sua tomba, e i due amanti vengono trasformati in farfalle, liberi di stare insieme per sempre.

Un altro racconto significativo è quello di **Meng Jiangnü** (孟姜女), che racconta la storia di una donna che percorre migliaia di chilometri per cercare il marito, costretto a lavorare alla costruzione della Grande Muraglia. Quando scopre che suo marito è morto a causa delle dure condizioni di lavoro, il suo pianto è così forte e straziante che fa crollare una sezione della Muraglia, dimostrando il potere del suo amore e del suo dolore.

Conclusione

Le storie di amore e sacrificio nella mitologia cinese, come la leggenda del Ponte di Magpie, riflettono i valori e le emozioni universali che trascendono il tempo e lo spazio. Queste narrazioni non solo intrattengono, ma insegnano anche le virtù del sacrificio, della lealtà e della potenza dell'amore, che sono profondamente radicate nella cultura cinese. Attraverso queste storie, i lettori possono esplorare la ricchezza delle tradizioni cinesi e comprendere meglio i sentimenti e i valori che hanno plasmato una delle civiltà più antiche del mondo.

Analisi Simbolica

Le storie di amore e sacrificio nella mitologia cinese, come la leggenda del Ponte di Magpie, sono ricche di simbolismo che riflette i valori culturali profondamente radicati nella società cinese. Questi miti non sono semplicemente racconti romantici, ma portano con sé significati più profondi legati alla morale, alla spiritualità e alla struttura sociale.

Il Ponte di Magpie: Simbolo di Unione e Separazione

Il Ponte di Magpie rappresenta un simbolo potente di connessione e distanza, un tema centrale nella leggenda di Zhinü e Niulang. Il ponte, costruito dalle gazze, è l'unico mezzo attraverso cui i due amanti possono incontrarsi, simboleggiando la forza dell'amore che supera gli ostacoli cosmici. Tuttavia, il fatto che il ponte appaia solo una volta all'anno sottolinea anche la tristezza della separazione, riflettendo la realtà delle difficoltà e dei sacrifici spesso necessari per mantenere le relazioni.

In questo contesto, le gazze stesse assumono un ruolo simbolico significativo. Tradizionalmente considerate portatrici di buone notizie nella cultura cinese, le gazze qui rappresentano la speranza e la solidarietà. La loro azione di formare un ponte per permettere ai due amanti di riunirsi esprime l'idea che l'amore vero trova sempre un modo per superare le avversità, anche se solo temporaneamente.

L'Amore Eterno e la Resilienza

La leggenda del Ponte di Magpie trasmette anche il concetto di amore eterno, un tema ricorrente nella mitologia cinese. Nonostante la loro separazione, Zhinü e Niulang rimangono fedeli l'uno all'altra, incontrandosi ogni anno nonostante le difficoltà. Questo simbolizza la resilienza dell'amore, capace di resistere al tempo e alle forze esterne, un ideale che risuona profondamente nella cultura cinese.

Il sacrificio, un altro tema centrale, è incarnato nel dolore e nella pazienza dei due amanti. La loro storia insegna che il vero amore richiede sacrificio e che, a volte, la separazione e il dolore sono inevitabili. Tuttavia, questi sacrifici non sono vani, poiché portano a un'unione spirituale che trascende il mondo materiale.

La Via Lattea: Una Barriera Celeste e un Elemento di Dualità

Nella leggenda, la Via Lattea è una barriera imposta dalla Dea del Cielo per separare i due amanti, rappresentando l'interferenza delle forze superiori e l'inevitabilità delle leggi cosmiche. Questo elemento del mito sottolinea il tema della dualità che permea gran parte della filosofia cinese, in particolare il concetto di Yin e Yang. La Via Lattea può essere vista come un simbolo di questa dualità, separando e allo stesso tempo collegando Zhinü e Niulang, riflettendo l'equilibrio tra gli opposti.

Questo tema della dualità si manifesta anche nella natura stessa del loro incontro: un momento di gioia e amore, ma anche di tristezza e malinconia, poiché è solo temporaneo. Questo equilibrio tra felicità e dolore è emblematico della visione cinese della vita, dove gli opposti coesistono e si completano a vicenda.

Il Ruolo del Destino e delle Forze Cosmiche

La leggenda del Ponte di Magpie evidenzia anche la nozione di destino, un concetto profondamente radicato nella cultura cinese. La separazione dei due amanti non è solo il risultato della volontà della Dea del Cielo, ma rappresenta anche il destino inesorabile che guida le vite degli esseri umani e degli dèi. Il loro incontro annuale è un ricordo che, nonostante le forze avverse, l'amore ha un posto nel grande schema dell'universo, ma deve comunque rispettare le leggi cosmiche.

Questa visione del destino riflette l'importanza dell'accettazione nella filosofia cinese, dove gli individui devono imparare a vivere in armonia con il Tao, il grande flusso della vita, e ad accettare le realtà che non possono essere cambiate.

Conclusione

La leggenda del Ponte di Magpie e altre storie di amore e sacrificio nella mitologia cinese sono molto più di semplici racconti romantici; sono narrazioni ricche di simbolismo che esplorano temi universali di amore, sacrificio, destino e dualità. Queste storie riflettono la complessità delle relazioni umane e la profondità dei valori culturali cinesi, offrendo una visione del mondo in cui l'amore eterno, nonostante le sfide e le separazioni, trova sempre un modo per manifestarsi. Attraverso queste leggende, la mitologia cinese trasmette lezioni morali e spirituali che continuano a risuonare nella società contemporanea.

Contestualizzazione Storica

Le storie di amore e sacrificio nella mitologia cinese, come la leggenda del Ponte di Magpie, non sono semplicemente racconti romantici, ma sono profondamente radicate nel contesto storico e culturale della Cina. Queste leggende riflettono i valori, le credenze e le condizioni sociali di diverse epoche, offrendo uno specchio delle aspirazioni e delle preoccupazioni della società cinese nel corso dei secoli.

Le Radici della Leggenda nel Pensiero Confuciano e Taoista

La leggenda del Ponte di Magpie, con il suo tema centrale del sacrificio e della lealtà nell'amore, riflette profondamente i valori del Confucianesimo, che ha influenzato la società cinese per millenni. Il Confucianesimo pone grande enfasi sul rispetto delle gerarchie familiari e sull'importanza della fedeltà e del dovere, valori che sono incarnati nella devozione tra Zhinü e Niulang. Il loro amore, che trascende le barriere imposte dalla divinità e dal destino, rispecchia l'ideale confuciano di perseveranza e lealtà di fronte alle avversità.

D'altra parte, la dualità presente nella storia, rappresentata dalla separazione e dall'unione annuale dei due amanti, può essere interpretata attraverso la lente del Taoismo. Il Taoismo, con la sua enfasi sull'equilibrio tra opposti e sull'armonia con le forze cosmiche, trova eco nella leggenda del Ponte di Magpie, dove la separazione e l'unione non sono contraddizioni, ma piuttosto parte di un ciclo naturale inevitabile. La Via Lattea, che separa ma allo stesso tempo connette Zhinü e Niulang, può essere vista come un simbolo di questa dualità taoista.

La Risonanza Culturale e la Celebrazione del Festival Qixi

Il Festival Qixi, che celebra l'incontro annuale di Zhinü e Niulang, ha radici che risalgono alla dinastia Han (206 a.C. – 220 d.C.), un periodo di grande sviluppo culturale e consolidamento delle tradizioni popolari in Cina. Durante questa dinastia, la storia di Zhinü e Niulang divenne particolarmente popolare, riflettendo il desiderio della gente comune di vedere i propri valori e credenze rappresentati nei miti e nelle celebrazioni.

Il Festival Qixi è stato tradizionalmente un giorno in cui le giovani donne pregavano per abilità nel cucito, ispirate dalla maestria di Zhinü nella tessitura, e per un matrimonio felice. Questo rifletteva le preoccupazioni sociali dell'epoca, in cui le abilità domestiche e il matrimonio erano considerati aspetti fondamentali della vita di una donna. La leggenda, quindi, non solo offriva un racconto romantico, ma serviva anche come modello di comportamento sociale desiderabile.

Nel corso dei secoli, il Festival Qixi ha continuato ad evolversi, ma la sua essenza è rimasta intatta. Ancora oggi, viene celebrato come una sorta di "San Valentino cinese", un momento in cui le coppie esprimono il loro amore reciproco, mantenendo viva la leggenda di Zhinü e Niulang e riaffermando l'importanza dell'amore e della fedeltà nella cultura cinese.

Impatto sulla Letteratura e sull'Arte

La leggenda del Ponte di Magpie ha avuto un impatto duraturo non solo nella cultura popolare, ma anche nella letteratura e nell'arte cinese. Durante la dinastia Tang (618-907 d.C.), un periodo noto per il suo fiorire artistico e culturale, poeti come Bai Juyi e Li Bai celebrarono la storia di Zhinü e Niulang nelle loro opere, contribuendo a cementare la leggenda nell'immaginario collettivo. La storia è stata raffigurata in pitture, ricami e persino in porcellane, diventando un tema ricorrente nella cultura visiva cinese.

Nel corso dei secoli, questa leggenda è stata reinterpretata in vari contesti, dall'opera tradizionale cinese ai moderni film e serie televisive, dimostrando la sua capacità di adattarsi e risonare con diverse generazioni. La sua continua rilevanza è testimone della profondità con cui i temi di amore, sacrificio e destino toccano il cuore della cultura cinese.

Il Significato nella Cina Contemporanea

Nella Cina contemporanea, la leggenda del Ponte di Magpie continua ad essere una potente metafora per le sfide e i sacrifici che le persone affrontano nelle loro relazioni. In un'epoca caratterizzata da rapidi cambiamenti sociali e pressioni economiche, la storia di Zhinü e Niulang serve come un promemoria dell'importanza della perseveranza, della lealtà e del sacrificio in amore.

Il Festival Qixi è ancora celebrato con grande entusiasmo, non solo come una tradizione culturale, ma anche come un'occasione per riflettere sui valori che definiscono le relazioni personali in una società sempre più globalizzata e modernizzata. Attraverso questa celebrazione, la leggenda del Ponte di Magpie continua a unire le persone, mantenendo vivo un legame con il passato e rafforzando l'identità culturale in un mondo in costante evoluzione.

Conclusione

La leggenda del Ponte di Magpie e altre storie di amore e sacrificio non sono solo narrazioni di tempi antichi, ma riflettono le profondità del pensiero e della cultura cinese. Queste storie sono radicate nel contesto storico e culturale della Cina e continuano a influenzare la società contemporanea. Attraverso la celebrazione del Festival Qixi e la continua reinterpretazione della leggenda, la cultura cinese mantiene viva la sua eredità, dimostrando come le storie di amore e sacrificio abbiano un significato duraturo che trascende le epoche e le generazioni.

Capitolo 13: Quando il Mito Incontra la Storia: Leggende Basate su Eventi Reali

Narrazione del Mito

La mitologia cinese è ricca di racconti che, sebbene ammantati da elementi fantastici e divini, trovano le loro radici in eventi storici reali. Questi miti non solo affascinano per le loro narrazioni epiche, ma offrono anche una finestra sulla storia e la cultura di epoche passate, fondendo il confine tra mito e realtà.

Uno dei miti più emblematici che mescola storia e leggenda è quello di **Yu il Grande** (大禹), il leggendario fondatore della dinastia Xia, che è anche venerato come il grande ingegnere idraulico dell'antichità. Secondo la leggenda, Yu riuscì a domare le inondazioni che affliggevano la Cina, un'impresa che richiese 13 anni di sforzi incessanti. La sua dedizione e il sacrificio personale, tra cui la rinuncia a visitare la sua famiglia durante tutto il periodo delle sue imprese, sono celebrati come esempi di virtù e leadership.

La narrazione racconta che, dopo aver tentato senza successo metodi tradizionali per contenere le acque, Yu adottò un approccio innovativo: invece di cercare di arginare le acque, scavò canali e drenaggi che permettevano alle acque di defluire nei mari. Questa impresa titanica non solo salvò il popolo dalle devastazioni delle inondazioni, ma contribuì anche a unificare le varie tribù sotto il suo comando, ponendo le basi per la nascita della dinastia Xia, considerata la prima dinastia della storia cinese.

Un'altra figura leggendaria che incarna la fusione di mito e storia è **Huangdi** (黃帝), l'Imperatore Giallo, spesso considerato l'antenato mitologico della nazione cinese. Sebbene molti dei racconti su Huangdi siano intrisi di elementi soprannaturali, come la sua presunta invenzione della medicina tradizionale, della scrittura e della bussola, si ritiene che egli sia basato su un sovrano o un capo tribale realmente esistito durante l'Età del Bronzo. La sua figura è stata elevata a simbolo dell'unità e della civiltà cinese, e i suoi presunti contributi alla cultura e alla tecnologia sono celebrati in numerosi testi antichi.

In modo simile, la leggenda di **Jingwei** (精卫), la figlia dell'Imperatore Yandi che si trasformò in un uccello per riempire il mare dopo essere annegata, potrebbe trovare la sua origine in un evento tragico reale, poi trasfigurato nel mito. Il racconto potrebbe riflettere un cataclisma naturale che ha colpito le prime comunità agricole, simboleggiando la lotta incessante dell'uomo contro le forze della natura.

Queste storie, pur avvolte nella mitologia, trovano una base nel passato storico, illuminando non solo le credenze spirituali ma anche le sfide concrete affrontate dalle prime civiltà cinesi. Attraverso la narrazione di queste leggende, la cultura cinese ha perpetuato la memoria degli eventi storici, trasmettendo lezioni di saggezza, morale e ingegno attraverso le generazioni.

Conclusione

La narrazione di miti basati su eventi storici reali è una caratteristica distintiva della mitologia cinese. Questi racconti, come quelli di Yu il Grande, Huangdi e Jingwei, non solo affascinano per le loro storie epiche, ma offrono anche una preziosa comprensione delle radici storiche e culturali della Cina. Attraverso la fusione di mito e storia, questi racconti continuano a ispirare e a fornire un legame profondo con il passato, mantenendo viva la memoria delle imprese e delle sfide affrontate dai nostri antenati.

Analisi Simbolica

Le leggende cinesi basate su eventi storici reali non sono semplicemente racconti di fatti avvenuti, ma rappresentano un tessuto complesso di simbolismi che riflettono la visione del mondo, i valori e le preoccupazioni delle società antiche. Attraverso l'analisi simbolica di queste narrazioni, possiamo comprendere come i cinesi abbiano usato il mito per interpretare la realtà e per tramandare insegnamenti morali e culturali.

Yu il Grande e il Simbolismo del Controllo delle Acque

Il mito di Yu il Grande è profondamente simbolico e va oltre la semplice narrazione di un'impresa ingegneristica. Nella cultura cinese, l'acqua è un simbolo di vita, abbondanza, ma anche di caos e distruzione. Le inondazioni rappresentavano una delle più grandi minacce per le comunità agricole cinesi, e quindi il controllo delle acque divenne un simbolo di ordine, stabilità e potere.

Yu, che riesce a domare le inondazioni non attraverso la forza ma con l'ingegno, incarna il modello del sovrano ideale, capace di controllare e armonizzare le forze della natura a beneficio del popolo. Il suo metodo innovativo di dirigere le acque nei mari anziché cercare di arginarle simboleggia una filosofia di governo basata sulla comprensione e la cooperazione con le forze naturali, piuttosto che sulla loro repressione. Questo riflette anche il pensiero taoista, che enfatizza l'importanza di agire in armonia con il Tao, il flusso naturale delle cose.

La figura di Yu è anche un simbolo di sacrificio e dedizione. Il fatto che egli abbia rinunciato a vedere la sua famiglia durante i tredici anni del suo lavoro per il bene del popolo esprime l'ideale confuciano di mettere il dovere e il bene comune al di sopra degli interessi personali. Questo rafforza l'idea che il leader perfetto non è solo abile e intelligente, ma anche moralmente irreprensibile.

Huangdi: L'Imperatore Giallo come Simbolo di Unità e Progresso

Huangdi, l'Imperatore Giallo, rappresenta un simbolo complesso e multifacetico nella cultura cinese. Sebbene la sua figura sia mitizzata, Huangdi incarna l'idea dell'unificazione e della civilizzazione. Egli è considerato il progenitore della nazione cinese, e molte delle sue presunte invenzioni – dalla medicina alla scrittura – sono simboli di progresso culturale e tecnologico.

Il colore giallo, associato a Huangdi, è anch'esso simbolico, rappresentando la terra e il centro, nella cosmologia cinese. Questo colore è associato all'imperatore e al potere centrale, simbolizzando la stabilità, l'autorità e la fertilità della terra. Huangdi, quindi, non è solo un sovrano leggendario, ma un simbolo di unità nazionale e di ordine cosmico, colui che porta la civiltà e la stabilità al suo popolo.

L'invenzione della medicina e delle pratiche agricole attribuite a Huangdi simbolizzano la conquista della malattia e della fame, due delle principali minacce alla sopravvivenza umana. La sua figura diventa quindi un simbolo di protezione e di progresso, attribuendo al mito il ruolo di guida morale e spirituale per la società.

Jingwei: Simbolo di Perseveranza e Ritorno alla Natura

La leggenda di Jingwei, che tenta di riempire il mare dopo essere annegata, rappresenta un simbolo potente di perseveranza e resistenza contro le avversità. Il mare, vasto e apparentemente inarrestabile, simboleggia gli ostacoli insormontabili e le forze naturali che l'uomo non può controllare. Jingwei, nella sua trasformazione in un uccello, tenta un'impresa apparentemente impossibile, incarnando lo spirito indomabile di chi non si arrende di fronte alle avversità.

Questa leggenda può essere vista anche come una metafora del desiderio di riparazione e vendetta. Il tentativo di Jingwei di riempire il mare con piccoli sassi e ramoscelli simboleggia la piccolezza delle azioni umane contro le forze gigantesche della natura, ma allo stesso tempo esprime l'importanza della perseveranza e della determinazione.

Dal punto di vista ecologico, Jingwei può essere interpretata come un simbolo della relazione dell'uomo con la natura, e della necessità di rispettare e non sfidare le forze naturali. Questo tema è ricorrente nella mitologia cinese, che spesso enfatizza l'equilibrio tra l'uomo e il mondo naturale.

Conclusione

L'analisi simbolica dei miti cinesi basati su eventi storici reali rivela una profondità di significati che vanno oltre la narrazione superficiale. Questi miti non solo trasmettono insegnamenti morali e culturali, ma riflettono anche la visione del mondo delle società che li hanno creati. Attraverso le figure di Yu il Grande, Huangdi e Jingwei, la mitologia cinese esplora temi universali come il controllo della natura, l'unificazione della società e la perseveranza di fronte alle avversità, offrendo così un prezioso contributo alla comprensione della cultura cinese e della sua storia.

Contestualizzazione Storica

Le leggende cinesi che combinano elementi mitici con eventi storici reali offrono una finestra unica sulla storia e sullo sviluppo della civiltà cinese. Queste storie non solo affascinano per la loro narrazione epica, ma rappresentano anche una documentazione delle condizioni sociali, politiche e naturali dell'epoca in cui sono state create.

Yu il Grande e la Dinastia Xia

La figura di Yu il Grande è fondamentale non solo come eroe mitologico, ma anche come simbolo della fondazione della prima dinastia cinese, la dinastia Xia. Sebbene ci siano ancora dibattiti accademici riguardo all'esistenza storica di Yu e della dinastia Xia, i testi antichi, come i "Documenti di Shu" (Shujing), offrono testimonianze che trattano la transizione da una società tribale a una più centralizzata sotto il regno di Yu.

La leggenda di Yu e il controllo delle inondazioni è probabilmente basata su eventi reali di catastrofi naturali che hanno afflitto la regione del Fiume Giallo. Le inondazioni devastanti e la necessità di gestione delle risorse idriche erano questioni di vitale importanza per la sopravvivenza delle popolazioni agricole dell'antica Cina. Le tecniche di irrigazione e controllo delle acque, che la leggenda attribuisce a Yu, riflettono probabilmente i primi sforzi organizzati in questo campo, che avrebbero gettato le basi per lo sviluppo delle civiltà cinesi.

Durante la dinastia Xia, queste pratiche avrebbero potuto essere consolidate, creando un mito fondativo che giustificava la legittimità del potere di Yu e dei suoi successori. La narrazione di Yu il Grande serviva quindi anche come strumento politico, rafforzando l'autorità dei governanti attraverso l'associazione con un passato glorioso e divino.

Huangdi e l'Unificazione delle Tribù

Huangdi, o l'Imperatore Giallo, è considerato una figura centrale nell'identità culturale cinese, spesso venerato come l'antenato mitologico di tutti i cinesi. Le storie di Huangdi che unifica le tribù attorno al Fiume Giallo potrebbero riflettere eventi reali di conflitti e alleanze tra diverse tribù che popolavano la regione durante l'antica età del bronzo.

Il periodo in cui si presume sia vissuto Huangdi corrisponde all'epoca in cui la società cinese stava passando da un sistema di clan tribali a una forma più complessa di organizzazione politica.

Le innovazioni attribuite a Huangdi, come la creazione di strumenti, la medicina e la musica, simbolizzano probabilmente i veri progressi tecnologici e culturali dell'epoca, che permisero a un gruppo dominante di emergere e consolidare il potere.

La trasformazione di Huangdi da capo tribale a figura semi-divina riflette il processo di deificazione dei leader nel corso della storia cinese. Questo non solo legittimava il potere dei suoi discendenti, ma forniva anche un modello di sovrano ideale, che combinava forza militare, saggezza e innovazione.

Jingwei e le Catastrofi Naturali

La leggenda di Jingwei, che cerca di riempire il mare dopo la sua tragica morte, potrebbe derivare da eventi naturali che hanno avuto un impatto profondo sulle popolazioni antiche, come maremoti, alluvioni o altri disastri marittimi. Il mito potrebbe rappresentare una forma di interpretazione collettiva delle forze devastanti della natura, cercando di dare un senso al caos e alla distruzione attraverso una narrazione comprensibile e simbolica.

Nella storia cinese, il rapporto tra l'uomo e la natura è sempre stato centrale, e le leggende come quella di Jingwei servivano a sottolineare l'importanza della perseveranza e della resilienza. Le difficoltà incontrate nella vita quotidiana, specialmente in un ambiente spesso ostile, venivano trasfigurate in storie che offrivano conforto e un senso di controllo attraverso la ripetizione di azioni rituali o simboliche, come il tentativo infinito di Jingwei di colmare il mare.

Conclusione

Le leggende che fondono mito e storia nella cultura cinese non sono solo racconti affascinanti, ma rappresentano una parte essenziale della memoria storica collettiva. Attraverso queste narrazioni, gli antichi cinesi cercavano di comprendere e gestire le sfide della loro epoca, dai disastri naturali alle complesse dinamiche politiche. Le figure di Yu il Grande, Huangdi e Jingwei, pur essendo intrise di elementi mitici, sono radicate in contesti storici specifici che riflettono le condizioni materiali e sociali del tempo. Queste leggende continuano a risuonare nella cultura cinese moderna, mantenendo vivi i legami con un passato che è al contempo mitico e storico.

Capitolo 14: L'Evoluzione delle Leggende: Come i Miti si Sono Adattati nel Tempo

Narrazione del Mito

I miti e le leggende cinesi, come tutte le tradizioni narrative, non sono rimasti statici nel tempo. Sin dai tempi antichi, queste storie hanno subito trasformazioni significative, adattandosi alle nuove circostanze sociali, politiche e culturali. Un esempio emblematico di questa evoluzione è il mito di Nüwa e Fuxi, che ha visto numerose variazioni nel corso dei secoli.

Nüwa e Fuxi: Da Divinità a Progenitori Umani

Nella versione più antica della leggenda, Nüwa e Fuxi sono divinità che creano l'umanità e stabiliscono l'ordine cosmico. Nüwa, la dea del serpente, viene spesso rappresentata mentre ripara il cielo spezzato, un atto che simboleggia il ripristino dell'armonia nell'universo. Fuxi, suo fratello e consorte, insegna agli uomini le arti fondamentali della civiltà, come la pesca, la caccia e la scrittura. Insieme, incarnano il principio dell'unità tra cielo e terra, maschile e femminile, ordine e caos.

Col passare del tempo, tuttavia, la narrazione si è trasformata. Durante la dinastia Han (206 a.C. – 220 d.C.), il mito di Nüwa e Fuxi iniziò a integrarsi con altre tradizioni popolari e religiose, che attribuivano loro un ruolo più umano e meno divino. In alcune versioni successive, Nüwa e Fuxi sono descritti non più come divinità, ma come i primi esseri umani, i progenitori di tutta l'umanità, conferendo loro un carattere più accessibile e vicino alla gente comune.

La Trasformazione di Houyi e Chang'e

Un altro esempio di evoluzione mitologica è la storia di Houyi e Chang'e. Houyi, l'arciere che salvò il mondo abbattendo nove dei dieci soli, è una figura eroica che rappresenta la forza e il sacrificio. Nella versione originaria, dopo la sua impresa, Houyi riceve un elisir dell'immortalità, che sua moglie Chang'e beve per errore, diventando la dea della luna.

Tuttavia, nel corso dei secoli, questa storia ha subito diverse interpretazioni e cambiamenti, riflettendo le paure, le speranze e i valori della società cinese. Durante il periodo Tang (618-907 d.C.), la leggenda di Chang'e venne arricchita con elementi romantici, sottolineando il tema della separazione e della nostalgia, che risuonava profondamente in un'epoca di grandi conflitti e migrazioni. La trasformazione di Chang'e da figura tragica a simbolo della luna ha contribuito a radicare il mito nel contesto delle festività tradizionali, come la Festa di Metà Autunno, dove la leggenda assume un significato simbolico di ricongiungimento familiare e speranza.

Il Drago: Da Mostro a Simbolo Imperiale

Il drago cinese, lungi dall'essere solo una creatura mitologica, ha visto la sua immagine trasformarsi radicalmente nel corso della storia. Nelle antiche leggende, il drago era spesso raffigurato come una creatura temibile e distruttiva, una forza della natura da placare e rispettare. Tuttavia, con l'avvento delle dinastie imperiali, il drago iniziò a essere associato all'imperatore stesso, diventando un simbolo di potere, saggezza e benevolenza.

Questa evoluzione non fu solo un cambiamento estetico, ma rifletteva anche l'evoluzione del concetto di potere in Cina. Il drago, da mostro temibile, si trasformò nel simbolo della protezione e della giustizia, incarnando l'autorità suprema dell'imperatore, il "Figlio del Cielo". Questa trasformazione trovò espressione nelle arti, nella letteratura e nei rituali di corte, consolidando il ruolo del drago come emblema dell'unità e della stabilità del regno.

Conclusione

Questi esempi dimostrano come i miti cinesi si siano adattati e trasformati nel tempo, riflettendo i cambiamenti nelle strutture sociali, religiose e politiche del Paese. Le leggende non sono semplicemente racconti del passato, ma vivono e si evolvono con le persone che le tramandano, adattandosi alle nuove realtà senza perdere il loro significato profondo. La capacità di questi miti di evolversi nel tempo è una testimonianza della loro vitalità e del loro ruolo fondamentale nella cultura cinese.

Analisi Simbolica

L'evoluzione dei miti e delle leggende cinesi non è soltanto un fenomeno narrativo, ma riflette profondi cambiamenti simbolici che hanno accompagnato la storia culturale della Cina. Ogni trasformazione, adattamento o reinterpretazione di un mito porta con sé un mutamento del suo significato simbolico, rispecchiando le nuove esigenze, aspirazioni e paure della società in cui queste storie continuano a essere raccontate.

Il Mito di Nüwa e Fuxi: Da Archetipi Cosmogonici a Progenitori Umani

Nella sua forma originaria, il mito di Nüwa e Fuxi possiede una forte connotazione cosmogonica, dove i due personaggi rappresentano le forze primordiali del caos e dell'ordine. Nüwa, riparando il cielo, non solo ristabilisce l'ordine cosmico, ma incarna anche il principio di rigenerazione e continuità. Fuxi, con le sue innovazioni, simbolizza la transizione dall'esistenza primitiva alla civiltà.

Quando il mito si trasforma e Nüwa e Fuxi assumono un ruolo più umano, il simbolismo si sposta dall'universale al particolare, dall'ordine cosmico alla creazione dell'umanità. Questo cambiamento rispecchia un movimento culturale verso l'umanizzazione dei miti, dove gli dei non sono più distanti e onnipotenti, ma diventano antenati da cui deriva la stessa essenza dell'umanità. Nüwa e Fuxi, quindi, si trasformano in simboli di una continuità generazionale e di un legame più diretto tra l'uomo e il divino, sottolineando l'importanza della stirpe e della famiglia nella cultura cinese.

Houyi e Chang'e: Dall'Eroismo alla Nostalgia

Il mito di Houyi e Chang'e subisce un cambiamento simbolico significativo, soprattutto durante il periodo Tang, quando la storia viene arricchita di elementi romantici e tragici. Originariamente, Houyi rappresentava il coraggio, la forza e la capacità di affrontare le avversità per il bene dell'umanità, mentre Chang'e simboleggiava la conseguenza involontaria del potere e della responsabilità.

Con l'introduzione di temi romantici e nostalgici, il mito acquisisce una nuova dimensione simbolica: la separazione e la solitudine. Chang'e, solitaria sulla luna, diventa l'emblema della distanza tra il desiderio umano e la realtà, della nostalgia per ciò che è stato perso e dell'eterna ricerca di ricongiungimento. Questa trasformazione riflette una società che, durante l'epoca Tang, era sempre più consapevole delle separazioni familiari e delle migrazioni, con la leggenda che diventa un mezzo per esprimere il dolore e la speranza di milioni di persone.

Il Drago Imperiale: Da Forza della Natura a Simbolo del Potere

L'evoluzione del drago da creatura selvaggia a simbolo imperiale incarna un cambiamento radicale nel modo in cui il potere e l'autorità vengono concepiti e rappresentati. Originariamente visto come una forza della natura, il drago rifletteva l'imprevedibilità e la potenza degli elementi, una forza da temere e rispettare. Con il passare del tempo, e soprattutto con l'ascesa delle dinastie imperiali, il drago è stato trasformato in un simbolo di potere benevolo, associato direttamente all'imperatore.

Questo cambiamento ha un forte significato simbolico: il potere imperiale viene divinizzato e naturalizzato, associato non solo alla forza e alla giustizia, ma anche all'ordine cosmico e all'armonia universale. Il drago imperiale non è solo un simbolo di autorità, ma anche di legittimità, un emblema che assicura la stabilità e la prosperità del regno. Questo riflette un desiderio profondo di ordine e stabilità nella società cinese, dove il ruolo dell'imperatore è visto come centrale per il mantenimento dell'armonia tra cielo e terra.

Conclusione

L'analisi simbolica delle trasformazioni mitologiche in Cina rivela come i miti non siano mai stati fissi, ma abbiano continuato a evolversi in risposta alle esigenze culturali e sociali del tempo. Ogni cambiamento nel simbolismo riflette un adattamento ai nuovi contesti storici, mostrando come i miti continuino a svolgere un ruolo fondamentale nel plasmare l'identità e la coscienza collettiva cinese. Le storie di Nüwa e Fuxi, Houyi e Chang'e, e il drago imperiale ci insegnano che i miti, pur trasformandosi, mantengono il loro potere di comunicare valori e significati profondi, adattandosi ai bisogni di ogni generazione.

Contestualizzazione Storica

Per comprendere pienamente l'evoluzione dei miti e delle leggende cinesi nel corso del tempo, è essenziale collocarli nel contesto storico e culturale in cui si sono sviluppati e trasformati. Le storie e i personaggi mitologici cinesi non solo riflettono credenze religiose e cosmologiche, ma anche le dinamiche sociali, politiche ed economiche che hanno caratterizzato diverse epoche della storia cinese.

Dalla Preistoria all'Epoca Imperiale: I Primi Miti Cosmogonici

I miti cosmogonici, come quelli di Pangu, Nüwa e Fuxi, risalgono a un periodo in cui la Cina era ancora una società agricola e tribale. Questi miti nascono dalla necessità di spiegare l'origine del mondo e delle sue strutture naturali e sociali. Durante l'epoca Shang (circa 1600-1046 a.C.), il sistema religioso si incentrava sulla venerazione degli antenati e sulla divinazione, influenzando profondamente le narrazioni mitologiche che servivano a legittimare il potere dei sovrani come intermediari tra il cielo e la terra.

Con l'avvento della dinastia Zhou (circa 1046-256 a.C.), il concetto di "Mandato del Cielo" divenne centrale, ridefinendo i miti esistenti per giustificare il diritto di governare dei nuovi sovrani. Questo concetto si riflette nell'evoluzione del mito di Fuxi e Nüwa, dove l'enfasi sul loro ruolo di creatori e protettori dell'umanità si allinea con l'idea che l'autorità imperiale debba garantire l'ordine e la prosperità nel mondo.

L'Epoca Tang e l'Arricchimento dei Miti: La Fusione tra Religione e Cultura

Durante la dinastia Tang (618-907 d.C.), la Cina visse un periodo di grande fioritura culturale e religiosa. Il buddismo, il taoismo e il confucianesimo influenzarono profondamente le leggende popolari e mitologiche, arricchendo i miti con nuovi simbolismi e significati. Questo è evidente nell'evoluzione delle storie di Houyi e Chang'e, dove elementi di spiritualità e romanticismo si intrecciano con le narrative eroiche tradizionali.

La dinastia Tang fu anche un'epoca di espansione e contatto culturale con altre civiltà, e ciò portò a una maggiore apertura e sincretismo nei miti e nelle leggende. Ad esempio, la figura del drago si consolidò come simbolo imperiale, unendo in sé caratteristiche di diverse tradizioni e diventando un emblema del potere sovrano, della protezione divina e dell'ordine cosmico. L'imperatore, associato al drago, divenne il mediatore tra il cielo e la terra, una figura quasi divina incaricata di mantenere l'equilibrio nell'universo.

La Dinastia Qing e l'Adattamento dei Miti nella Modernità

Con l'arrivo della dinastia Qing (1644-1912), l'ultimo grande periodo imperiale della Cina, i miti continuarono ad adattarsi alle nuove realtà sociali e politiche. In un'epoca di crescente influenza straniera e di sfide interne, le leggende cinesi furono utilizzate per rafforzare l'identità nazionale e per resistere alle pressioni esterne. La figura del drago, in particolare, venne utilizzata come simbolo di resistenza e unità nazionale di fronte alle minacce esterne.

Nel corso del XX secolo, con la fine dell'impero e la nascita della Repubblica Popolare Cinese, i miti e le leggende tradizionali furono reinterpretati alla luce delle nuove ideologie politiche. Durante la Rivoluzione Culturale, molti miti furono criticati come residui del passato feudale, ma successivamente vennero recuperati e reintrodotti come parte del patrimonio culturale nazionale. Oggi, le antiche leggende cinesi sono nuovamente celebrate, ma in una forma che riflette il contesto contemporaneo, integrando elementi di modernità pur mantenendo il loro legame con le radici storiche e culturali.

Conclusione

La contestualizzazione storica delle leggende cinesi ci permette di vedere come queste narrazioni abbiano costantemente riflettuto e reagito ai cambiamenti della società e della politica. Da semplici spiegazioni cosmologiche, i miti si sono evoluti in strumenti di legittimazione del potere, di espressione culturale e di rafforzamento dell'identità nazionale. In ogni epoca, le leggende hanno subito trasformazioni che le hanno rese rilevanti per le nuove generazioni, mantenendo viva una tradizione che continua a influenzare profondamente la cultura cinese contemporanea.

Capitolo 15: Le Leggende Oggi: Il Ruolo delle Fiabe e dei Miti nella Cina Contemporanea

Narrazione del Mito

Nella Cina contemporanea, i miti e le leggende antiche continuano a svolgere un ruolo significativo, non solo come narrazioni culturali, ma anche come fonti di ispirazione per la vita quotidiana, l'arte, la letteratura e persino la politica. Questi racconti millenari, ricchi di simbolismi e insegnamenti morali, sono spesso riproposti in nuovi contesti, mantenendo viva la tradizione e adattandosi alle esigenze e alle sfide del mondo moderno.

Uno degli esempi più emblematici di come le leggende cinesi siano ancora presenti nella vita moderna è la celebrazione del **Festival della Luna**, durante il quale la storia di **Chang'e** e del suo viaggio verso la luna è rievocata in tutto il paese. Questo mito, che racconta di amore, sacrificio e ricerca di immortalità, risuona ancora profondamente con il pubblico di oggi, offrendo un legame tangibile con il passato.

Allo stesso modo, la figura del **Drago Cinese** continua a essere un potente simbolo, rappresentando forza, saggezza e potere. Utilizzato in occasioni speciali come il **Capodanno Cinese**, il drago è protagonista di danze e celebrazioni che simboleggiano la protezione contro le forze maligne e l'augurio di buona fortuna per l'anno a venire. Questa creatura mitologica è anche un emblema nazionale, presente in numerosi contesti, dalla politica alla cultura popolare, dimostrando come un antico simbolo possa mantenere la sua rilevanza anche nei tempi moderni.

Inoltre, i miti e le leggende cinesi sono stati ripresi e rielaborati in numerosi film, serie televisive e romanzi, sia in Cina che a livello internazionale. Ad esempio, storie come quella dei **Tre Regni** o delle **gesta eroiche di Sun Wukong, il Re Scimmia,** sono state adattate in vari formati, dai racconti epici alle moderne saghe fantasy, raggiungendo un vasto pubblico e trasmettendo valori e ideali tradizionali attraverso nuovi mezzi di comunicazione.

Questi miti non sono solo un retaggio del passato, ma continuano a evolversi, influenzando la cultura contemporanea in modi inaspettati e stimolando riflessioni su temi universali come la giustizia, il coraggio, e la ricerca del significato della vita. Così, mentre la Cina continua a svilupparsi e a modernizzarsi, le sue antiche leggende rimangono un pilastro culturale, adattandosi ai nuovi tempi e continuando a ispirare generazioni di cinesi e di appassionati di tutto il mondo.

Analisi Simbolica

L'analisi simbolica delle leggende e dei miti cinesi nel contesto contemporaneo rivela come queste storie continuino a essere strumenti potenti per la trasmissione di valori culturali e morali. I simboli presenti nelle leggende, che una volta erano strettamente legati a credenze religiose e cosmologiche, hanno ora assunto nuovi significati, riflettendo le preoccupazioni, le aspirazioni e i dilemmi della società moderna.

Un simbolo particolarmente significativo è il drago cinese, che tradizionalmente rappresentava il potere imperiale e la forza della natura. Oggi, il drago è spesso visto come un simbolo di unità nazionale e di orgoglio culturale. La sua immagine è utilizzata in contesti che vanno dalle celebrazioni nazionali agli eventi sportivi internazionali, dove rappresenta la forza e la resilienza del popolo cinese. In un'epoca di rapida modernizzazione e globalizzazione, il drago diventa un legame tangibile con l'identità culturale e una fonte di ispirazione per affrontare le sfide contemporanee.

Un altro simbolo ricorrente è quello della figura di Chang'e, la dea della luna. Originariamente, la sua storia parlava di immortalità e sacrificio, ma nel contesto moderno, Chang'e è vista come un simbolo di emancipazione e aspirazione. La sua leggenda è spesso reinterpretata nei media e nelle arti come una rappresentazione delle sfide e dei desideri delle donne moderne in Cina, che cercano di bilanciare tradizione e modernità, doveri familiari e ambizioni personali. Questo cambiamento riflette una società in cui i ruoli di genere stanno evolvendo, e i miti antichi offrono un linguaggio potente per esprimere queste trasformazioni.

Le storie di eroi leggendari come Huangdi o Yu il Grande, che erano originariamente simboli di saggezza e leadership, oggi vengono riproposte per enfatizzare l'importanza della responsabilità sociale e dell'innovazione. Questi personaggi, che una volta erano venerati come fondatori della civiltà cinese, sono ora visti come modelli di etica del lavoro e dedizione al bene comune, temi che risuonano fortemente in una società che affronta sfide come lo sviluppo sostenibile e l'equità sociale.

Inoltre, il simbolismo del viaggio e della trasformazione, presente in molti miti cinesi, è oggi interpretato come metafora della crescita personale e collettiva. Storie come quella di Sun Wukong, che deve affrontare numerose prove per raggiungere l'illuminazione, sono utilizzate per illustrare la perseveranza necessaria per superare le avversità e raggiungere il successo. Questo simbolismo è particolarmente rilevante in una cultura che valorizza il miglioramento continuo e l'autodisciplina.

In conclusione, i simboli delle leggende cinesi non solo conservano il loro potere evocativo, ma si adattano ai nuovi contesti, fornendo significati freschi e rilevanti per la Cina di oggi. Questi simboli fungono da ponte tra passato e presente, offrendo alle generazioni moderne gli strumenti per comprendere e affrontare le sfide del loro tempo, mantenendo viva l'eredità culturale che ha plasmato la nazione.

Contestualizzazione Storica

Per comprendere appieno il ruolo attuale delle fiabe e dei miti nella Cina contemporanea, è essenziale collocarli all'interno del contesto storico in cui hanno subito trasformazioni significative. La Cina, con la sua lunga storia e ricca tradizione culturale, ha attraversato periodi di profondi cambiamenti, che hanno influenzato non solo la società e la politica, ma anche il modo in cui le storie mitologiche vengono percepite e utilizzate.

Durante la dinastia Han (206 a.C. - 220 d.C.), i miti e le leggende erano strettamente intrecciati con le credenze religiose e la legittimazione del potere imperiale. Le figure mitologiche come Huangdi e Yu il Grande non erano solo eroi culturali, ma anche strumenti per rafforzare l'autorità imperiale e promuovere l'unità nazionale. In questo periodo, i miti servivano a spiegare l'ordine cosmico e la posizione centrale della Cina nel mondo.

Con l'avvento del confucianesimo come ideologia dominante, molti miti furono reinterpretati per riflettere i valori confuciani di lealtà, pietà filiale e armonia sociale. Le leggende su eroi e divinità furono adattate per sottolineare l'importanza della moralità e del comportamento etico, diventando modelli di virtù per il popolo.

Durante il XX secolo, con l'arrivo della Repubblica Popolare Cinese e l'influenza del marxismo, le leggende e i miti tradizionali furono in parte respinti come superstizioni o reinterpretati in chiave ideologica. Tuttavia, negli ultimi decenni, c'è stata una riscoperta e una rivalutazione di queste storie, viste ora come patrimonio culturale da preservare e trasmettere. Questo processo è stato in parte guidato dal desiderio di rafforzare l'identità culturale cinese in un mondo globalizzato.

Nel contesto della modernizzazione e della globalizzazione, le leggende cinesi hanno assunto nuovi significati. Ad esempio, miti come quello del Drago sono stati rivisitati per rappresentare la forza e la resilienza della nazione cinese nel panorama internazionale. Le storie di eroi e divinità, che una volta servivano a legittimare il potere imperiale, ora vengono utilizzate per promuovere valori di unità, progresso e innovazione. Le fiabe tradizionali, con le loro lezioni morali, continuano a essere insegnate ai bambini, ma vengono anche reinterpretate per affrontare temi contemporanei come l'ecologia, l'uguaglianza di genere e la giustizia sociale.

In questo contesto, il revival culturale ha visto il ritorno di festività tradizionali e cerimonie, dove miti e leggende giocano un ruolo centrale. La Festa di Metà Autunno, ad esempio, celebra ancora oggi la leggenda di Chang'e, e la figura della dea della luna è diventata un simbolo di unità familiare e speranza. Eventi come questi dimostrano come le leggende antiche possano continuare a unire il popolo cinese e offrire un senso di continuità con il passato, anche mentre il paese si proietta verso il futuro.

In conclusione, le fiabe e i miti cinesi, sebbene radicati in un contesto storico lontano, continuano a essere vitali nella Cina contemporanea. Essi non solo preservano e trasmettono l'eredità culturale, ma si adattano e rispondono alle esigenze e alle sfide del presente, dimostrando la loro resilienza e il loro potere di ispirare e unire. Questo fenomeno riflette la capacità della Cina di mantenere vive le proprie tradizioni culturali mentre abbraccia il cambiamento e l'innovazione.

Conclusione: Il Lascito delle Antiche Leggende

Un Patrimonio Culturale Millenario

Le leggende e i miti cinesi rappresentano uno dei patrimoni culturali più ricchi e complessi dell'umanità. Queste storie non sono solo racconti del passato, ma sono tessuti viventi che continuano a influenzare la società cinese contemporanea, nonché il pensiero e l'immaginario di milioni di persone in tutto il mondo. Dal mito della creazione con Pangu, alle eroiche gesta di Huangdi, fino alle epiche avventure degli Otto Immortali, queste narrazioni sono strumenti potenti che hanno plasmato valori, credenze e identità collettive nel corso dei secoli.

Il Valore delle Leggende nella Modernità

Oggi, in un'epoca dominata dalla tecnologia e dal progresso, le leggende continuano a mantenere la loro rilevanza. Esse offrono lezioni universali di coraggio, amore, giustizia e sacrificio, che risuonano ancora profondamente con i valori umani. Inoltre, in un mondo globalizzato, le antiche leggende cinesi fungono da ponte tra passato e futuro, tra Oriente e Occidente, dimostrando la loro capacità di adattarsi e rinnovarsi pur mantenendo intatto il loro nucleo essenziale.

Una Riflessione Finale

Riflettere sul valore delle leggende cinesi oggi significa riconoscere la loro capacità di offrire non solo un legame con le proprie radici culturali, ma anche una fonte inesauribile di ispirazione per affrontare le sfide contemporanee. Esse ci ricordano che, nonostante i cambiamenti del tempo, i temi fondamentali della condizione umana rimangono universali e senza tempo. Le storie di divinità, draghi e eroi cinesi ci invitano a guardare oltre l'ordinario, a esplorare i confini dell'immaginazione e a celebrare la ricchezza del patrimonio culturale mondiale.

Le leggende cinesi non solo sopravvivono, ma prosperano, continuando a ispirare generazioni di lettori, artisti, studiosi e persone comuni. La loro eredità è destinata a durare, e come custodi di queste antiche narrazioni, il nostro compito è di preservarle, interpretarle e condividerle con il mondo, affinché la saggezza del passato possa illuminare il cammino verso il futuro.

Con questo libro, abbiamo intrapreso un viaggio attraverso le meraviglie della mitologia cinese, un viaggio che non solo ha esplorato le storie stesse, ma anche il loro profondo significato culturale e storico. Ora, lasciamo che queste storie continuino a vivere dentro di noi, come un filo invisibile che ci lega a una tradizione millenaria, e che ci guida nel nostro personale viaggio attraverso la vita.

Appendice: Glossario e Note Storiche

Glossario dei Termini e Personaggi Mitologici

Pangu

(盘古)

Il gigante primordiale nella mitologia cinese che ha creato il mondo separando cielo e terra. La sua morte ha dato origine agli elementi naturali.

Nüwa

(女娲)

Dea creatrice che, secondo la leggenda, ha modellato l'umanità dall'argilla e riparato il cielo rotto.

Fuxi

(伏羲)

Fratello e consorte di Nüwa, è considerato l'inventore della pesca, della caccia e della scrittura. Una figura centrale nella mitologia come uno dei primi sovrani mitici della Cina.

L'Imperatore di Giada

(玉皇大帝)

Il sovrano del Cielo e delle divinità nel pantheon cinese, un ruolo simile a quello di Zeus nella mitologia greca.

Huangdi

(黄帝)

Conosciuto come l'Imperatore Giallo, è uno dei mitici imperatori cinesi, spesso considerato l'antenato della civiltà cinese e patrono delle arti e delle scienze.

Houyi

(后羿)

Eroe mitologico noto per aver abbattuto nove dei dieci soli che ardevano nel cielo, salvando così l'umanità dalla distruzione.

Yu il Grande

(大禹)

Fondatore leggendario della Dinastia Xia, famoso per aver domato le acque e messo fine alle inondazioni che devastavano la Cina antica.

Otto Immortali

(八仙)

Un gruppo di divinità taoiste, ciascuno dotato di poteri speciali, che rappresentano aspetti diversi della vita e sono simboli di longevità e prosperità.

Drago Cinese

(龙)

Una creatura mitologica simbolo di potere, saggezza e protezione, venerata come divinità delle acque e della pioggia.

Qilin

(麒麟)

Creatura mitica simile a un unicorno, simbolo di pace e prosperità. Appare nei racconti per annunciare l'arrivo di un sovrano saggio o la nascita di un essere virtuoso.

La Fenice

(凤凰)

Simbolo di rinnovamento e ressurrezione, la Fenice cinese è associata alla grazia e all'equilibrio. Si ritiene che appaia solo in tempi di pace e prosperità.

Volpe a Nove Code

(九尾狐)

Creatura mitologica capace di mutare forma, spesso rappresentata come un essere astuto e ingannevole, ma anche dotata di poteri magici.

Note Storiche

Origine dei Miti Cosmogonici

I miti di creazione, come quello di Pangu, sono tra i più antichi della tradizione cinese e riflettono le visioni arcaiche del mondo e della natura. Questi racconti, tramandati oralmente per secoli, hanno subìto molteplici trasformazioni e interpretazioni nel corso della storia, integrandosi nelle filosofie taoista e confuciana.

Ruolo della Mitologia nelle Dinastie Cinesi

Durante le dinastie cinesi, i miti e le leggende non erano semplici racconti, ma strumenti di legittimazione del potere. Imperatori come Huangdi venivano venerati come antenati divini, il che rafforzava il loro diritto a governare e la stabilità del regno.

Influenza della Mitologia nella Religione e nella Cultura

La mitologia cinese ha fortemente influenzato la religione popolare, il confucianesimo, il taoismo e il buddhismo. Le storie degli Otto Immortali, ad esempio, sono profondamente radicate nella tradizione taoista, mentre le leggende di eroi come Yu il Grande sono celebrate come simboli di virtù confuciana.

L'Adattamento dei Miti nel Tempo

Molti miti cinesi si sono adattati e trasformati nel tempo, spesso riflettendo i cambiamenti sociali, politici e tecnologici. Ad esempio, le storie dei draghi sono state reinterpretate in epoche moderne, simbolizzando non solo il potere imperiale, ma anche il potere nazionale e la modernizzazione.

L'Importanza delle Leggende Nella Cina Contemporanea

Nella Cina moderna, le leggende e i miti continuano a vivere attraverso la letteratura, il cinema e la cultura popolare. Essi fungono da anello di congiunzione tra passato e presente, mantenendo vivo un senso di identità culturale e spirituale.

Il Patrimonio Universale delle Leggende Cinesi

Le leggende cinesi, con i loro simboli universali e temi ricorrenti di giustizia, amore, sacrificio e redenzione, trovano risonanza in molte culture diverse, rendendole un patrimonio non solo della Cina, ma dell'intera umanità.

9 798341 346284